認知症ケア こんなときどうする?

その声かけ大

協力：医療

監修：堀

編著：前田

はじめに

認知症の方と接するときにどうすればよいのか、とまどいや迷い、不安を感じる介護職の方も少なくないことでしょう。介護職の皆さんおひとりおひとりが日々試行錯誤されていることと思います。

認知症介護に100%このやり方がよい！ということもありませんが、認知症の方の心に寄り添い、その世界をわかるという気持ちを持って優しくていねいなケアを心がけたいものです。

本書は、介護職が、医療の基本的な知識を念頭に置くことで、認知症の方の思いや心をより深く理解し、よりよい介護を目ざしていただきたいとの思いで編集しました。また、現場のよくある事例を取り上げ、その適切な対応策や望ましい声かけを掲載しています。日々の介護実践の虎の巻として常に携帯して役だてていただければ幸いです。

もくじ

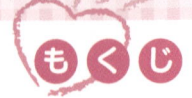

「認知症」を知って おきましょう

認知症とは

WHO（世界保健機関）では、「脳や身体の疾患を原因として、記憶・判断力などの障害が起こり、普通の社会生活が送れなくなった状態」と定義されています。普通に社会生活を送ってきた方が、慢性あるいは進行性の脳機能障害（主に老年期）によって、理解・判断能力などが異常に低下して生活に支障をきたすようになります。

障害の見られる脳機能…記憶・思考・見当識・計算・学習・言語・判断・概念・理解など

●介護と医療

認知症に有効と思われる医学的治療法は、原因がよくわからないため十分とはいえないのですが、介護と医療（治療）の2本立てで、ある程度進行を遅らせることは可能です。認知症の治療で大切なのは患者を初期から一貫して診て（看て）いくことです。

●認知症の種類

大きく分けて脳の神経細胞がゆっくりと死んでいく「変性疾患」と脳梗塞や脳出血、脳動脈硬化などが原因の「脳血管性認知症」があります。種類の違いを知って、それに対応したケアをすることが大切です。

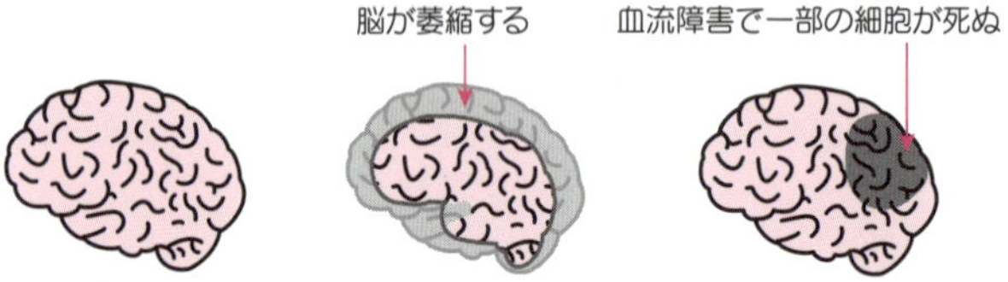

健康な脳　変性疾患（アルツハイマー型認知症）　脳血管性認知症

認知症の種類

●アルツハイマー型認知症(AD)

脳の神経細胞が通常の老化よりも病的に減ってしまい正常な働きを徐々に喪失し、脳室が大きくなっていきます。認知症の原因の50〜60%、85歳以上の20%に見られる頻度の高い疾患です。

●脳血管性認知症(VD)

脳梗塞、脳出血、脳動脈硬化などが原因で神経の細胞に栄養や酸素が行き渡らなくなり、神経細胞の死滅や神経のネットワークの破壊などが見られます。

●レビー小体型認知症(DLB)

大脳皮質の神経細胞内に「レビー小体」という特殊な封入体が現れます。幻視、手足の震えや緩慢な動作などのパーキンソン症状と転倒が特徴的な症状です。

●前頭側頭型認知症(FTLD)

大脳の前頭葉や側頭葉が侵される大脳の萎縮性疾患です(前頭側頭型認知症)。ピック病や筋萎縮性側索硬化症の症状を伴うものも含まれます。

認知症の方への接し方

認知症の方でも感情は保たれています。ひとりひとりの症状に合わせてケアしていくことが大切です。

- 脳の機能や病態をよく理解する。
- 五感が変化していることを理解する。
- 感情や意欲、残存機能の維持を心がける。
- できなくなったことを無理強いしない。
- 自尊心を傷つけない。
- かつての生活や実績を評価する。

アルツハイマー型認知症

特徴

現在、認知症としていちばん多い病気で、原因は解明されていませんが進行を遅らせる薬（アリセプト）があり、治療ワクチンの開発研究も進められています。

かつては65歳以前の初老期に発症するアルツハイマー病と65歳以降に発症するアルツハイマー型老年認知症（老年認知症）は異なる疾患と考えられていましたが現在はひとつの疾患として扱われています。

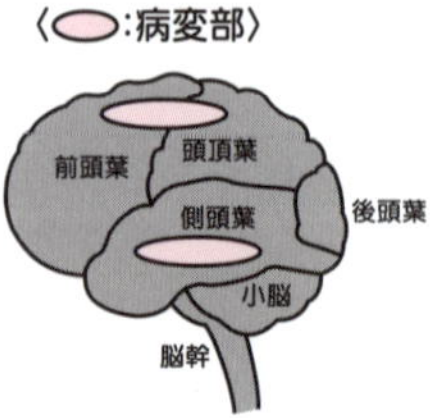

診断基準

A 以下の2項目によって明らかとなるさまざまな認知障害。
1.記憶障害
2.以下の認知障害のうち少なくともひとつがある。
①失語　②失行　③失認　④実行機能障害

B ゆっくり発症し、ゆっくり進行する。

C 上記のA）の認知障害により社会生活・職業上の支障をきたす。

D せん妄、大うつ病、統合失調症などによるものではない。

アルツハイマー型認知症の経緯と症状

初期第1期(～3年)

記銘障害、学習障害、失見当識
意欲障害、無欲、抑うつ

↓

中期第2期(～10年)

顕著な記憶・記銘障害、喚語障害、失名詞
理解力障害、構成失行、着衣失行、観念失行
視空間失認、見当識障害(地誌的)、人物誤認
失計算、無関心・無頓着、多幸症、徘徊
人格の形骸化、鏡現象、姿勢異常

↓

後期第3期(10年～)

失外套症候群、言語崩壊
無動、寝たきり、四肢固縮

治療・ケアのポイント

- 薬物療法である程度症状を改善したり、進行を遅らせたりすることができるため早期に発見して対応することが大切。
- 中核症状の進行によって今までできていたことができなくなるため、どのような認知の障害、行動の障害で起っているかよく観察し、残存能力を生かしたケアの方法を工夫していく。
- **日常的なケアは医療とケアの連携**が大切で家族で抱え込まず、かかりつけ医と相談しながら地域の医療・介護ネットワークを利用する。

脳血管性認知症

特徴

- ある程度コントロール可能な認知症で、早期発見、早期治療が大切である。
- 脳梗塞や脳出血のあとで起こる。
- 運動麻痺や感覚障害などの身体障害のあとに徐々に脳細胞が障害され認知症が進む。
- 血管障害が起きる場所により症状が異なる。
- 再発を繰り返して階段状に症状が悪化する。

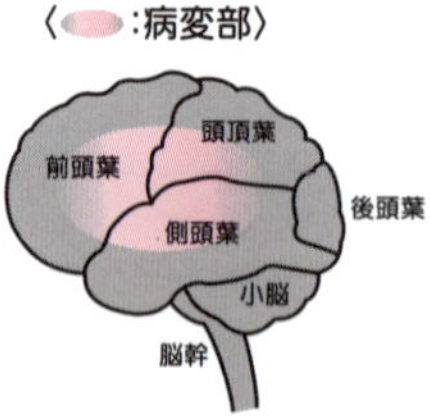

治療・ケアのポイント

- アルツハイマー型認知症と同様のケアをする。記憶障害は注意力と集中力の障害により起こる。意識、意欲、感情の障害を中心にケアをする。
- 一次記憶（即時記憶）の障害があることを念頭に置いてケアをする。
- 脳循環改善薬で残存機能を活性化する。
- 再発を予防することにより認知症の進行を遅らせる。

◎脳血管性認知症においては予防やリハビリテーションが大切です。脳血管障害は一度発作を起こすと繰り返すことが多いため再発の予防を心がけ、後遺症である自発性や活動性の低下によって認知症が進むためリハビリテーション治療の活用が必要です。

レビー小体型認知症

特徴

- 認知症の症状や神経症状・意識状態が変動する。
- 初期にはエピソード記憶（生活史における思い出）障害は軽度であるが、空間認知機能障害は初期から出現する。
- 幻覚（特に幻視）、体系化した妄想、幻覚・妄想に基づく不安・焦燥・興奮・異常行動・注意や明晰さの変動、意欲低下、抑うつ・睡眠障害などの精神症状が見られる。
- パーキンソン症状（振戦・筋緊張亢進・固縮・動作緩慢・小刻み歩行）、転倒、失神、立ちくらみ、一過性意識障害などの神経症状が見られる。
- 老年期に多い症状である脱水、感染症になりやすいため、常に観察して発見が遅れないようにする。

〈⬭：病変部〉

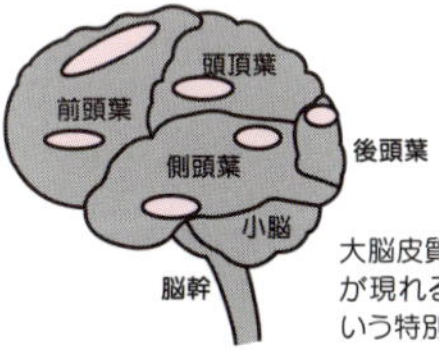

大脳皮質にレビー小体が現れる。どの部位という特別な定義はない。

治療・ケアのポイント

- 状態のよいときは食事・入浴・リハビリを重点的に行ない、状態の悪いときは誤嚥や転倒に注意する。
- 転倒の予防に努める。
- 幻視・幻覚に対して薬物治療が必要である。パーキンソン症状の治療に用いられる、抗パーキンソン病薬は副作用で精神症状の悪化を招くことがあるので観察が必要である。

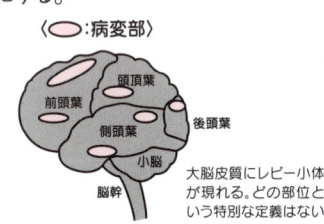

前頭側頭型認知症（ピック病）

特徴

- 特異な人格異常と行動異常が先行する。
- 物忘れは目だたない。
- 50代から60代に発症する。
- 同じ言葉や行動を繰り返す（滞続症状・常同行動）。
- 障害される脳の位置により異なった症状が見られる。

〈⬭:病変部〉

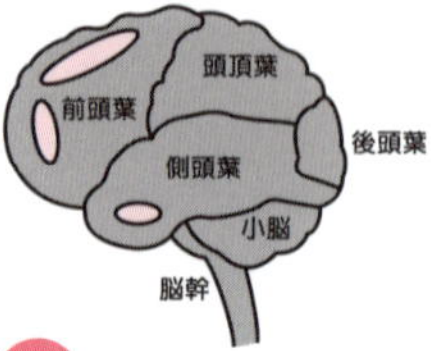

治療・ケアのポイント

- 有効な薬物がないため、寄り添ってケアをする。
- 尿失禁、便失禁が多く、排便コントロール（トイレ誘導、緩下剤）を行なう。
- 早食い（飲み込まず口に入れる）が多く、窒息に注意する。
- 音楽や踊り、絵画は可能なため、ケアに音楽療法、芸術療法などを取り入れる。

その他

正常圧水頭症、アルコール依存症、慢性硬膜下血腫、頭部外傷、甲状腺機能低下症などでも認知症の症状を示すことがあります。治療すれば治るもの、進行するもの、進行しないものなど多様です。

認知症のステージと特徴

軽度の認知症

- 時間の見当識障害…年月日・時間の感覚が不確かになる。
- 買い物や支払い、料理、食事の準備などで失敗するようになる。

中等度の認知症

- 場所の見当識障害…近隣を離れると迷子になる。
- 買い物を一人でできなくなる…金銭トラブル
- 服装がちぐはぐになり出す。
- 整容面では不潔になる。
  皮膚のかゆみや湿疹が発症する。
  耳掃除をしない…難聴を招く。
- 自動車を安全に運転できなくなる。
- 感情障害や多動、睡眠障害（不眠やイライラ）などが現れてくる。

高度の認知症

- 人物の見当識障害…配偶者や子供の顔がわからなくなる。
- トイレの場所などがわからなくなる。
- 着脱や入浴、排せつなどに介助が必要になる…尿失禁が半数以上に見られる。
- 言語機能や語彙の衰退が起きる。
- 歩行能力の衰退が見られる。

認知症の症状

●中核症状

神経細胞の変性（壊れる）によって生じる症状で、すべての患者に病期を通じて見られ、徐々に進行して改善は見込めない症状です。

→薬物治療（アリセプトなどで進行を遅らせる）

- 記憶障害・見当識障害・判断の障害・実行機能の障害

●周辺症状（BPSD）

アルツハイマー型認知症、レビー小体型認知症、パーキンソン病認知症を伴うパーキンソン病では周辺症状（行動・心理症状）が多く見られ、出現する症状や重症度は多様である。薬物治療や手厚いマンパワー、適切な治療により多くは1～3か月で改善することができます。

- 行動障害（徘徊、失禁、自傷、他害）・感情障害（うつ、不安、焦燥）・精神症状（幻覚、妄想、作話）・意欲の障害（意欲低下、意欲亢進）

※BPSD: Behavioral and Psychological Symptoms of Dementia（行動・心理症状）の略で、周辺症状や問題行動などとも呼ばれます。認知症に伴う徘徊や妄想・攻撃的行動・不潔行為などの行動・心理症状のことです。症状を起こす何らかの理由があり、適切なケアと薬物治療によって改善できます。

経緯

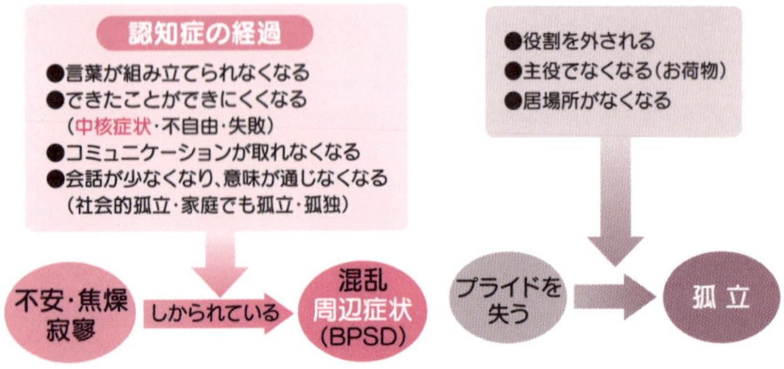
認知症の経過
●言葉が組み立てられなくなる
●できたことができにくくなる
（中核症状・不自由・失敗）
●コミュニケーションが取れなくなる
●会話が少なくなり、意味が通じなくなる
（社会的孤立・家庭でも孤立・孤独）
●役割を外される
●主役でなくなる（お荷物）
●居場所がなくなる
不安・焦燥
寂寥
しかられている
混乱
周辺症状
（BPSD）
プライドを
失う
孤立

原 因

周辺症状（行動・心理症状:BPSD）の出現原因

BPSD: Behavioral and Psychological Symptoms of Dementia

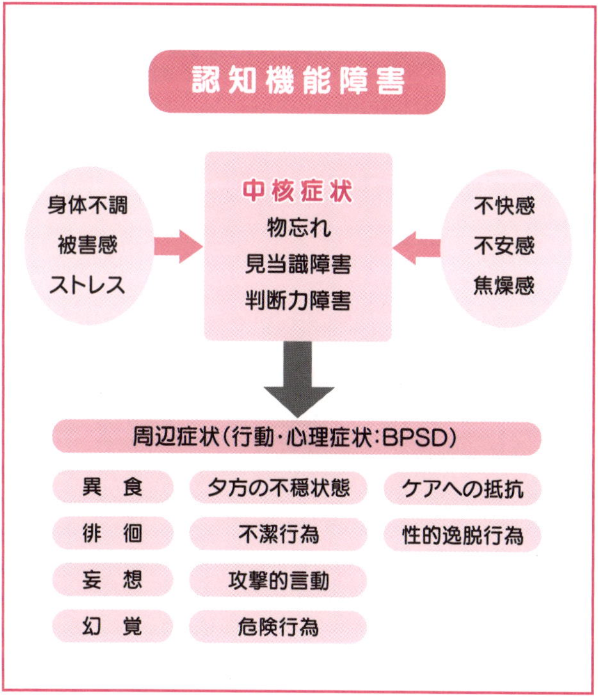

●中核症状と周辺症状（BPSD）の新旧のとらえ方

以前は介護の側にたったケアでしたが、これからはBPSDの本質を理解することで介護対象となる人の視点でケアするよう努力することが介護者に求められています。

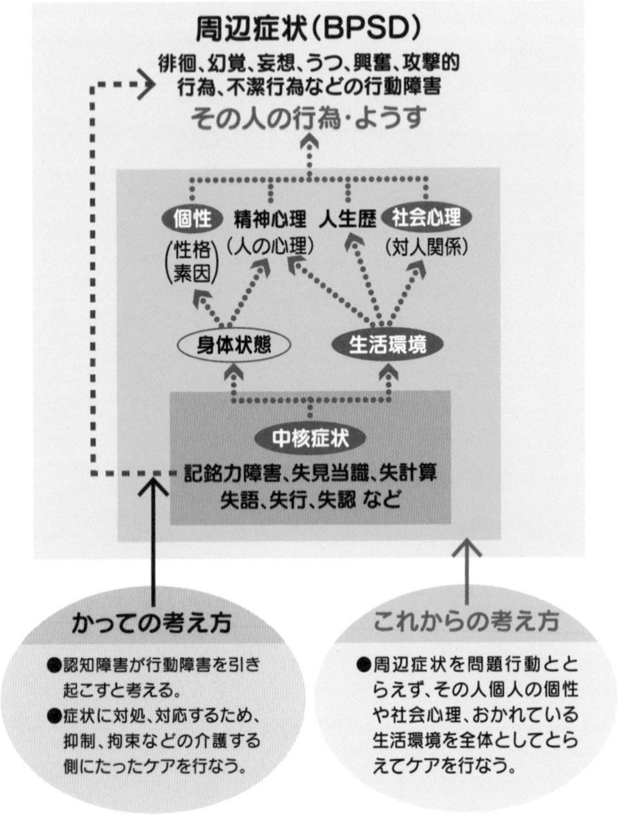

認知症の治療と薬

認知症の治療には、非薬物療法（運動や食事の指導）が効果的であることがわかってきており、薬物療法とうまく組み合わせて行なうのが最近の認知症の治療の主流です。非薬物治療には次のようなものがあります。

理学療法

筋力強化、バランス訓練、関節可動域訓練で機能回復を図る。

作業療法

家事や手仕事、手工芸・工作で既存の能力を再構築する。

運動療法

ラジオ体操やリズム体操などで身体機能の改善を目ざす。

回想法

高齢者の思い出に、専門家が共感的に受け入れる姿勢で働きかける対症療法で、心理的な安定や記憶力の改善を図る。

リアリティ・オリエンテーション（現実見当識訓練）（RO）

見当識障害を解消するために現実認識を深める。

音楽療法

精神的にリラックスさせて行動障害の軽減を図る。

◎その他、園芸療法、レクリエーション療法、演芸療法などがあります。

◆認知症に使われる薬

認知症の多くはまだ病気の原因が完全にはわかっておらず、薬物療法は日進月歩です。介護者はガイドラインにそって薬の管理や副作用に注意する必要があります。症状をコントロールするために次のような薬が使われています。

- 脳循環代謝改善薬……自発性の低下・うつ状態・意欲の減退 など
- 抗うつ薬……………………うつ状態・無関心・不安・いらだち など
- 抗不安薬……………………不安・緊張・いらだち・うつ状態 など
- 精神安定薬…………………興奮・攻撃性・幻覚・妄想・徘徊 など
- 睡眠(導入)薬………………不眠・夜間覚醒・昼夜逆転 など

認知症を理解するために こんな用語も知っておこう！

■うつ病

絶望感や不安、倦怠感などが持続する「心のかぜ」と比喩されることもある病気です。高齢者の精神疾患として認知症と並んで多いとされ、生活の質（QOL）に与える影響が大きく、症状を見逃さないことが大切です。

★認知症でもうつ症状が出ることがあり鑑別が必要です。

■エピソード記憶

自分の経験や出来事に関する記憶のことです。だれにでも忘れられない思い出があり、記憶するときに自分の感情が入ることで、忘れにくく、思い出しやすいといわれています。エピソード記憶をさりげなく確認することは認知症の早期発見につながります。

■構音障害

文字どおり音をつくる構造に問題がある障害で、代表的な脳卒中後遺症のひとつです。発語に用いる口蓋(こうがい)、舌、のどなどの筋肉を支配する神経が麻痺しているため、言語音声を組み立てられなくなります。

■高次脳機能障害

大脳の特定の領域（連合野）が損傷して起こる記憶、判断、言語などの機能に起こる障害で、原因としては脳卒中（脳梗塞・脳出血・くも膜下出血）などがあります。失語、失認、失行などの症状が見られます。

■失語

声帯やのど、舌などの身体的機能は問題はないが、言語中枢の破壊で言語を操る能力が低下するために、うまくしゃべれなくなったり、相手の言っていることを理解できなくなったりする状態です。

■失行

手足に麻痺はないのに、目的に応じた動作ができない状態で、ふつうの一連の動作ができなくなります。靴が履けない、服が着られないなど、それまでできていた簡単な動作ができなくなります。

■実行機能障害

論理的な思考、適切な判断力、状況把握による行動を実行機能といい、料理をつくるという例をとってみても、いくつかの単純行動を順序だてて実行する高度な知的機能を必要とします。認知症ではこの機能が低下してきます。

■失認

視力があるにもかかわらず見えている対象物を正しく認識できない状態です。例えばイチゴを見ただけでは何であるかがわからず、においをかいだり触ったりすることで認識できたりします。

■せん妄

脳機能が低下したとき、軽い意識障害に加えて激昂、幻覚、幻視、興奮などの症状が見られる状態です。突然で、ほとんどほかの病態があり、症状の持続期間も数日から数週間と短く、認知症とは異なります。

■ネグレクト

無視することやないがしろにする意味（neglect）で、介護の場合は高齢者虐待のひとつ「介護放棄」のことを指します。自身による健康や安全を損なう行為「セルフ・ネグレクト」（自己放任）という言葉もあります。

■無為（むい）（無気力）

何もしないという意欲障害（アパシー）で、周辺症状のひとつです。自分を取り巻く現実世界とのかかわりを断つこと（無為自閉）という形で現れる遊離型の認知症に多く見られ、進行すると食事も自分でとらなくなっていきます。

■妄想

真実でないものを真実と考える状態で、認知症では周辺症状のひとつです。被害妄想が多く、「物盗られ妄想」がよく見られます。認知症の40％程度は何らかの妄想が見られるという研究結果もあります。

■物忘れ外来

症状が認知症であるのか加齢による物忘れかを診断する外来で、専門的な見地からの診察・CTなどの検査・相談を行なっています。最近物忘れ外来を設ける病院が増えてきており、診断結果に応じて治療をしてくれます。

コラム

認知症の医療と介護のネットワーク

～認知症疾患医療センター運営事業～

関係機関とのネットワーク(相談・支援体制)

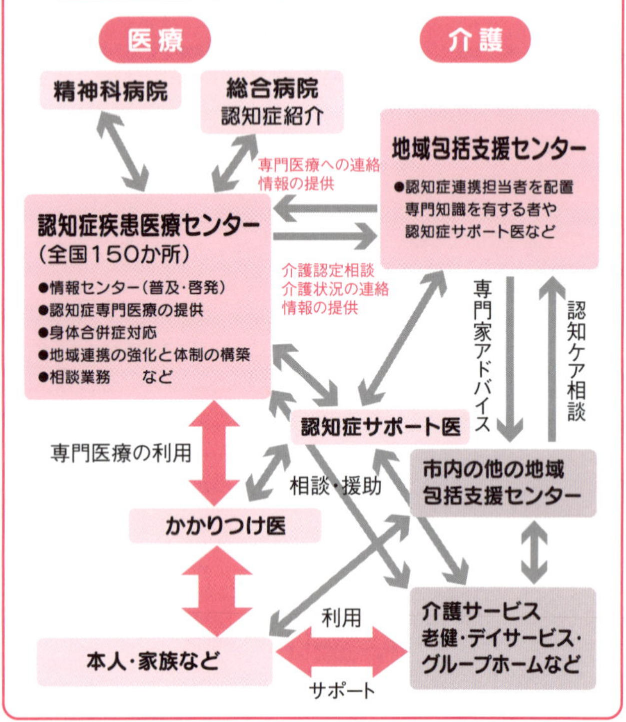

認知症の治療は、早期発見をして初期から一貫して診ていくことが大切なので、保健・医療・福祉サービスが地域支援体制を総合的・継続的に支援するために厚生労働省で企画されているネットワークです。

Ⅱ. 事例70
NG対応→GOOD対応

認知症ケアの質の向上のために、
介護現場でよくある事例を
通じて学びましょう。

物忘れ① 「あなたはどなた

しがちなNG声かけ

しっかりしてください

忘れないでください

どうして？

それまでの記憶がなくなっていっている状態です。いつも顔を合わせていたり、介護をしたりしていても、忘れたという自覚がないため繰り返されます。脳の記憶をつかさどる部分が障害され、物忘れが起こることを理解し、本人の状態を受け止めて対応しましょう。

ドクターチェック

人物誤認は、アルツハイマー型認知症が進行した場合に起こりやすい症状のひとつです。親や子、親族、友人のだれに対しても起こります。進行しても好きだった人や優しくされた人、印象に残っている人のことは覚えていることがあります。ほかの病気が隠れていることもあり注意が必要です。

ですか?」と相手を忘れる

こうしたら GOOD 声かけ

よろしくお願いします

私は○○です

解　説

否定をしないで、まず受け入れることが大切です。認知症が進むと介護者を、娘や兄弟と間違えたりするようになります。逆らったり、間違いを指摘したりしないようにします。不安な気持ちを察してその時々の認識に合わせるようにし、その人になりきってしまったほうがよい場合もあります。

ドクターチェック

高齢者による単なる物忘れは健忘ですが、アルツハイマー病の前段階では物忘れを自覚しており日常生活は基本的にできますが、通常より注意力、集中力、実行力が少し低下している状態が見られます。この段階では早期発見で発症を遅らせることができます。

物忘れ ②　しないといけない

しがちなNG声かけ

また、忘れたのですか

何度も言いましたよ

どうして？

何をしたかを思い出せないのは健忘症で、したこと自体を忘れる記憶障害が認知症です。特にアルツハイマー型認知症では記憶をつかさどる側頭葉の海馬と頭頂葉が侵されるために物忘れの症状が初期症状として起こるといわれています。

ひと言アドバイス

認知症はすべての症状が突然に発症するわけではなく、初期症状というものがあります。認知症一般としての初期症状（軽度認知障害）が出始めの時期の予防法として、日記をつけることで「思い出す」行為を行なったり、家事など複数の作業を同時に進めたりするとよいといわれます。

ことを忘れる

こうしたら GOOD 声かけ

だいじょうぶですよ

こうしましょうね

解説

経験したことをそっくり忘れてしまい、重度の場合はたった今起こった出来事さえも忘れてしまいます。忘れていることを注意するのではなく、その状態を受け止めて、自尊心を傷つけないような声かけをしましょう。

知っとく情報メモ

脳血管性認知症はアルツハイマー型認知症の次に多い認知症で、脳血管障害の再発で悪化するため予防が重要です。ラクナ梗塞は細い血管（動脈）が詰まって起こる小さな脳梗塞で、そのまま放置しておくと認知症に進行していくため注意が必要です。

物忘れ③

置き場所を忘れる

しがちな NG 声かけ

よく探してください

しまい込んだのですよ

どうして？

加齢に伴いだれでも財布や眼鏡などをどこに置いたか、しまったかを忘れやすくなりますが、認知症が進むと“忘れる”というよりも“記憶に残っていない”症状（記憶障害）がほとんどです。そのために「なくなった」ととらえてしまいます。

こうしたら GOOD 声かけ

いっしょに探しましょうか

どこかで見つかるでしょう

置き忘れを想定してふだんの生活を観察し、およその場所を覚えておきます。先に見つけて渡すより、いっしょに探して本人が見つけたようにしたほうがよいでしょう。

物忘れ④

同じことを何度も言う

しがちなNG声かけ

さっきも言いましたよ

何度も同じことを言わないで

どうして？

認知症の方は同じことを何度も言う傾向があります。直前の記憶がはっきりしなくなり、何事にも自信が持てないために不安感にさいなまれ、同じことを何度も確かめて安心しようとします。

こうしたらGOOD声かけ

そうなんですか

はい、○○ですよ

時間や周囲の状況を忘れてしまう不安感の現れで身近な人を頼ろうとします。同じことを何度も聞かれても、不安な気持ちを察して粘り強くそのつど冷静に対応します。不安を取り除いて本人の納得がいくようなことばがけをすることが大切です。

物忘れ⑤

同じことを何度もする

しがちな NG 声かけ

もうしないでください

また始まった

どうして？

記憶障害で物事や行為をすぐに忘れるからです。不安感だけでなく、介護者に言われたときの感情は残るため、何度も繰り返そうとします。

こうしたら GOOD 声かけ

そろそろ休みましょう

今度はこれをしましょう

認知症の方の個人的な特徴や気持ちを理解し、そのペースに合わせるようにします。話をじっくり聞いたり、興味をほかに向けたりするとよい結果が得られることがあります。

物忘れ⑥

薬を飲みすぎる

しがちな NG 声かけ

忘れたのですか

もう飲みましたよ

どうして？

記憶力・判断力が低下しているために、薬を飲み忘れたり、飲んだのをすぐ忘れて「飲んでいない」と要求したりします。本人が薬の管理ができないと間違いを正そうとしたり、説得したりするのは難しくなります。

こうしたら GOOD 声かけ

あとで飲みましょう

これが済んでからですよ

本人が薬の管理ができないときは手の届かないところに保管するなどの服薬管理が必要です。「飲んでない」と言うような場合は、薬に似た甘味料やサプリメントで代用するとよい場合もあります。

食事①「まだ食べていない」と言う

しがちなNG声かけ

もう食べたでしょ

おなかは
いっぱいのはずよ

どうして？

食後すぐでも「食べていない」と何度も食事を催促するのは、脳の満腹中枢が侵されている、食べたことを忘れてしまう記憶障害、時間の見当識が失われているなどのためだと考えられます。

ひと言アドバイス

認知症の軽度から中等度によく見られる症状です。否定されると落ち込みや怒りなどを引き起こします。「食べていない」と本人が思い込んでいれば真意を推察し、信頼関係が築けていると判断した場合は「さっき食べておられましたよ」と事実を告げるほうがよい場合もあります。

こうしたらGOOD声かけ

これをしてからにしましょう

○時までもう少し待ってね

解　説

「食べた」と言っても本人にとっては食べていないのが事実なので、反感を抱き、被害妄想的になりかねません。時間を意識させることや、本人の興味のある話題で食事以外のことに関心を向けて「忘れてもらう」ようにします。また、「お食事がくるまで待ちましょうね」と、軽いおやつや飴などで空腹感を満たすようにします。

そのほかの声かけ例

「待ってくださいね。どんなものがお好きですか」「これから用意しますからね」「準備ができるまで散歩をしましょう」「もうすぐできるので手を洗いましょう」など。また、寂しさを訴える代わりに食事を持ち出す場合もあるため、話し相手になるのもよいでしょう。

食事② 「食べたくない」と言う

しがちなNG声かけ

食べないとだめよ

あとで欲しくなってもないですから

どうして？

食事を拒否するのは、身体疾患や、精神的不安定さによる場合などが考えられます。食べ物で遊ぶようなら、食事の意義や目的さえもわからなくなり、食べるという行為が形式だけになっているからです（仮性作業）。

知っとく情報メモ

認知症の中核症状である記憶障害などの原因の1つはコリン神経系の伝達物質アセチルコリンの減少によって生じます。ドネペジル（商品名：アリセプト）は、脳内のアセチルコリンの量の減少を抑制し認知症の進行を抑えます。

こうしたら GOOD 声かけ

いっしょに食べましょう

お口に入れましょうね

解説

そばでいっしょに食事をしながら、ことばがけをして介助します。それでも食べない場合ははしやスプーンで口に運ぶようにし、時間をずらすか本人の好物などを用意します。食事が認識できずに遊んでしまっているようなときは、時間や環境を変えるなどの工夫をしてみましょう。

そのほかの声かけ例

「わあ、おいしそうですよ、食べたくなったら声をかけてくださいね」「どんなものが好物ですか」「ちょっと味見をしてもらえませんか」「みなさんおいしそうに召し上がっておられますよ」「無理をしなくてもいいので、あとからにしましょうね、」など。

食事③

何でも口に入れる（異食）

しがちなNG声かけ

「それは食べる物ではないでしょ」

「汚いからやめて」

どうして？

ごみや紙、布など食べ物以外の物を食べようとする、中等度から高度の認知症にみられる異食行為です。判断力の低下・記憶障害・見当識障害などにより食べ物とそうでない物の区別がつかず口に運んでしまうことによります。

知っとく情報メモ

高齢者の消費カロリーは身長や体重、活動量を踏まえた生活強度から適切なカロリー量を算出し、毎日1500kcal以上の食事を心がけるようにします。おなかがすいていないか、食事量が消費カロリーと合っているかなどについて検討することも大切です。

こうしたらGOOD声かけ

これにしましょう

あとで食べましょう

解説

身の周りにあるほとんどの物が異食の対象物となる可能性がありますが、誤嚥しそうな物があれば目の届かない所や手の届かない所に置くようにします。食べ物を探すような行動を始めた場合には、菓子類や果物で気をそらせるようにしましょう。

ひと言アドバイス

異食のほかにほかの人の食事やおやつを食べる「盗食」もあります。認知症の方同士のトラブルを招きがちなので注意が必要です。よく口にする異物には、ビニール袋、トイレットペーパー、紙おむつ、靴下、歯磨き粉、洗剤（石けん）、残飯、タバコ、便などがあります。

食事④

「おかわり」を何度も求める

しがちなNG声かけ

いいかげんにして

おなかがいっぱいでしょ

どうして？

おかわりを要求して際限なく食べ続けようとするのは、家族から見捨てられる不安や環境の変化や摂食中枢などの心的要因が考えられます。

こうしたらGOOD声かけ

残しておきましょう

あとでまた食べましょうね

器を増やしたり小さめのお茶碗を使ったりするなどの工夫で満腹感を演出しましょう。また、手の届かない所に配膳するなどの工夫も必要です。ほかの人の分まで食べてしまう場合はしからず、「○○さんの分はこっちですよ」と優しく誘導します。

食事⑤

のどによく詰まらせる

しがちなNG声かけ

また、詰まりましたね

時間がないですよ

どうして？

嚥下困難は摂食障害のひとつです。嚥下障害は認知症でよく見られます（脳血管性認知症やアルツハイマー型認知症のときに起こりやすいといわれます）。嚥下困難を長く放置すると、微小誤嚥を繰り返し、誤嚥性肺炎を招くことがあるので注意が必要です。

こうしたらGOOD声かけ

無理をしないでね

時間がかかってもいいですよ

嚥下の程度を言語聴覚士（ST）に判断してもらい、嚥下障害がある場合は、食事の形態を本人にふさわしい嚥下食（きざみ食・ミキサー食・ソフト食 など）にします。低栄養状態にならないような注意が大切です。

食事⑥ 急に食欲が落ちた

しがちなNG声かけ

早く食べてください

病気になりますよ

どうして？

認知症の方は体の不調をみずから訴えられない場合がほとんどです。ふだんの食事の摂取量から比較して急に量が少なくなったら急性期の疾患が考えられます。

こうしたらGOOD声かけ

ゆっくりでいいですよ

あとで食べますか

食事は楽しみのひとつですから、おいしく食事ができるよう環境を整えることが大切です。食べ物は適温にし、食べやすいよう調理します。決してせかさず、ゆっくり食事ができるように介助します。脱水にならないように水分補給にも気をつけましょう。

コラム

認知症高齢者の日常生活自立度

高齢者の認知症の程度とそれによる日常生活の自立度を客観的に把握するために、障害高齢者の日常生活自立度（ねたきり度）とともに、医療・福祉現場で広く使用されている指標です。

<table>
<tr><th>ランク</th><th>判定基準</th><th>見られる症状・行動の例</th></tr>
<tr><td>Ⅰ</td><td>何らかの認知症を有するが、日常生活は家庭内および社会的にほぼ自立している。</td><td></td></tr>
<tr><td>Ⅱa</td><td>家庭外で、日常生活に支障をきたすような症状・行動や意思疎通の困難さが見られても、だれかが注意していれば自立できる。</td><td>たびたび道に迷うとか、買い物や事務、金銭管理などそれまでできたことにミスが目だつ等。</td></tr>
<tr><td>Ⅱb</td><td>家庭内でも上記Ⅱaの状態が見られる。</td><td>服薬管理ができない、電話の応答や訪問者との応答などひとりで留守番ができない等。</td></tr>
<tr><td>Ⅲa</td><td>日中を中心として、日常生活に支障をきたすような症状・行動や意思疎通の困難さが時々見られ、介護を必要とする。</td><td rowspan="3">着替え・食事・排せつがじょうずにできない、時間がかかる。むやみに物を口に入れる、物を拾い集める、徘徊、失禁、大声・奇声、火の不始末、不潔行為、性的異常行為等。</td></tr>
<tr><td>Ⅲb</td><td>夜間を中心として、日常生活に支障をきたすような症状・行動や意思疎通の困難さが時々見られ、介護を必要とする。</td></tr>
<tr><td>Ⅳ</td><td>日常生活に支障をきたすような症状・行動や意思疎通の困難さが頻繁に見られ、常に介護を必要とする。</td></tr>
<tr><td>M</td><td>著しい精神症状や周辺症状あるいは重篤な身体疾患（意思疎通が全くできない寝たきり状態）が見られ、専門医療を必要とする。</td><td>せん妄、妄想、興奮、自傷・他害等の精神症状や、精神症状に起因する問題行動が継続する状態等。</td></tr>
</table>

※厚生労働省老健第135号より抜粋

排せつ①　トイレ以外で放尿(放便)する

しがちなNG声かけ

トイレじゃないのに

困った人だなあ

どうして？

認知症の方がトイレ以外の場所で排せつする(不潔行為)のは、場所がわからない、がまんできない、トイレと思い込んでいる、トイレが嫌いなどの理由が考えられます。どんな場合であれ、頭ごなしにしかることは厳禁です。自尊心や感情まで失ってしまったわけではないからです。

ひと言アドバイス

言葉でのコミュニケーションが難しくなっている場合には、「おなかの前を押さえる」「そわそわする」などの動きで知らせることがあり、よく観察することが大切です。人前で「おトイレに行こう」と言われるのを嫌がる方には「お散歩に行きましょう」とさりげなくトイレに誘導します。

こうしたらGOOD声かけ

解説

原因や状況を判断する、しからない、未然に防ぐ、これが排せつ介助の基本です。トイレが暗い場合は明るく、寒い場合は暖かくします。排せつの時間帯などを観察し、食後何時間くらいで行きたくなるかなどのパターンをつかんで、タイミングを見て声かけをしてトイレに誘導しましょう。

知っとく情報メモ

見当識障害は、脳梗塞などの脳血管障害、アルツハイマー病、統合失調症などに見られる精神的機能障害のひとつであり、認知症の主な障害です。人や周囲の状況、場所、時間など自分が置かれている状況が正しく認識できなくなる障害です。

失禁をしてしまう

しがちなNG声かけ

だめじゃないの

おむつのほうがよかったわ

どうして？

排尿反射や尿意などが鈍くなり、また尿意を感じなくなることもあって、失禁してしまいます。便失禁も同様です。

ひと言アドバイス

失禁にはいろいろな原因があり、対処法も一様ではありません。「隠そう」としたり、ほかの人のしわざにしたり、ぬらした床を急いでふいたり、人によってさまざまです。自尊心が傷つくため何事もなかったようにふるまい、「お洗たくしておきましょう」などと優しく対応しましょう。

こうしたら
GOOD
声かけ

すっきりしましたね

おなかは痛くないですか

解　説

体調を気づかうような声かけをし、ほかのことに気を向けさせます。特に初めての場合はショックでふさぎ込むことがあり、慰めたりしかったりしないでなるべくしぜんにふるまいます。自尊心を傷つけないようにトイレに付き添い、後始末を手伝ってきれいにします。汚れ物を隠すこともあり、よく観察しましょう。

ひと言アドバイス

おむつの生活を続けると、自尊心や自立意欲が低下しがちです。身体機能の衰えを助長し、尿意や便意もなくなってしまい、常に失禁するような状態になることがあります。さらに認知症の症状が進むこともあるため、慎重に検討するようにしましょう。

排せつ③

トイレに行っても排せつしない

しがちなNG声かけ

サッサとしましょう

どうして出ないの

どうして？

トイレ誘導しても排せつしようとしないのは、トイレという言葉や文字が排せつする所と認識できていないか、トイレで排せつをすること自体がわからなくなっている重度の場合があります。用便は健康状態を示すもので、便秘や尿の出が悪い場合はすぐに医師に相談します。

こうしたらGOOD声かけ

あとにしましょう

無理をしなくていいですよ

排せつしないときは時間を変えて誘導します。また、よく使っていた「便所」、「WC」、「お手洗い」、「厠（かわや）」「はばかり」といった言葉を使うなど、表示や誘導でその場所がトイレだとわからせるように工夫します。

排せつ④

トイレの場所がわからない

しがちなNG声かけ

何度も教えているでしょ

また迷っているの

どうして？

場所を探しあぐねて玄関や廊下の隅に排せつすることがあります。見当識の障害が原因の場合があり、できるだけ複雑な環境ではなく、認知症の方でも簡単に状況が認識できるような環境を整えておきたいものです。

こうしたらGOOD声かけ

いっしょに行きましょうね

わかりにくかったですか

トイレへの道順やトイレのドアに「便所」（その方がふだん使う表現）と表示したり、トイレや廊下の照明を明るくしたりして、自分で行けるよう工夫します。トイレの鍵は外からも開けられるものにしておきます。

排せつ
⑤

おむつを外してしまう

しがちな
NG
声かけ

外すと大変なのよ

どうして
そんなことをするの

どうして？

むやみなおむつの使用は、自尊心を傷つける恐れもあり、注意を払う必要があります。おむつ内に排せつがあり、不快感やかゆみがあるなどが主な原因です。おむつのサイズが合っていなかったり、トイレに行きたいと思ったりして外すこともあります。

こうしたら
GOOD
声かけ

替えましょうね

トイレに
行きますか

おむつ交換を迅速にするか、トイレに行ける場合は付き添ってトイレ誘導します。不快感からおむつを触る場合は交換回数を増やし、不快感を取り除くよう努めます。何度か失敗したからといって簡単におむつにしないで、トイレ誘導をするようにしましょう。

排せつ⑥

便をいじる（弄便《ろうべん》）

しがちな NG 声かけ

気持ち悪いでしょ

わぁ～
汚い、くさい！

どうして？

便をもてあそんで壁や床にこすり付けるような行為を弄便といいます。この行為は不快感を解消しようとして行なうとする見方が一般的です。便自体を便と認識していないことがほとんどです。

こうしたら GOOD 声かけ

気持ち
悪かったですね

きれいに
しましょうね

弄便のような不潔行為は、見守りやすぐ対応できる工夫をしていくことが大切です。おむつに便をした場合は、気持ちが悪くておむつの中を触ってしまうことがあるため、早めに対処しましょう。いずれも自尊心を傷つけないようにします。

拒否①

介護ケアを嫌がる

しがちなNG声かけ

わがままを言わないで
みんなに迷惑がかかるから

どうして？

拒否という行為には、理解ができない、体調がよくない、不安がある、思いどおりにならない、介護者が異性であるため恥ずかしいなどの理由が考えられます。無理強いしないで担当者を変えるなど慎重に対処する必要があります。

ひと言アドバイス

認知症の方は、あたりまえのことができなくなったり、簡単な質問に答えられなかったりするために不安を感じています。そうした状況で自分を守るために強い拒否反応を示します（防衛反応）。何気ないひと言で拒否されないように、安心させるように努める必要があります。

こうしたら GOOD 声かけ

あとに
しましょうね

どうして
ほしいのですか

解説

嫌がることはしないのが基本です。命令やしつこく誘うことは逆効果になります。しばらく時間を置き、介助者や話題、環境を変えるようにします。落ち着いたころに、相手の目線に立って優しい口調と笑顔を忘れず、どうして嫌なのかを聞き、介護が行なえる状況をつくります。

ひと言アドバイス

名前はその方がなじんでいるもっとも大切なものです。記憶障害になっても自分の名前だけは忘れないといわれます。わからないだろうと判断して、名前も呼ばずにケアをしがちですが、「○○さん」と名前を呼ぶことで、「あなたのためですよ」という気持ちや敬意を相手に伝えましょう。

拒否②

入浴するのを嫌がる

しがちなNG声かけ

くさいと言われますよ

お風呂が冷めますよ

どうして？

入浴を嫌がる理由はさまざまですが、毎日の入浴の習慣がない方や風呂嫌いの方がいます。衣服の着脱が苦手だったり、浴室が寒かったり、脱衣室で入浴の順番を待ったりすることが原因の場合もあります。また、入浴そのものの意味がわからない場合もあります。

ひと言アドバイス

加齢とともに体力や気力が衰えることもあり、入浴は100メートル走と同じくらいのカロリー消費を伴います。体力的にも、精神的にも負担に感じがちのため、準備にゆっくり時間をかけることも大切です。寒い季節には事前に浴室や脱衣所を暖め、温度が急変しないよう注意します。

こうしたら
GOOD
声かけ

とても温まりますよ

いい湯加減ですよ

解説

今までの生活習慣に合わせ、入浴は気持ちがよいと思ってもらうことが大切です。きげんのよいときを見計らってだれかがいっしょに入り、入浴が楽しいと思えるような工夫をしましょう。自尊心を傷つけることのないような何気ない声かけが大切です。

そのほかの声かけ例

「ほっこりしますよ」「美人（男前）になりますよ」「お肌をすべすべにしましょう」「お風呂でがまんして、今度は温泉に行きましょうね」など。また、いったん湯船に入るとなかなか出たがらないこともあります。「そろそろお掃除させてくださいね」などの声かけしましょう。

拒否③ 「着替えたくない」と言う

しがちなNG声かけ

だだをこねないで

すぐ済むのでがまんしてね

どうして？

理解力・判断力が低下すると、変化を好まず同じ状態が安心できるようになりがちです。また、体調が悪いために脱衣をいやがる場合もあり、かゆみや腰、肩、関節に痛みを感じている場合もあります。入浴時や着替え時に体調チェックをしましょう。

こうしたらGOOD声かけ

ゆっくりでいいですよ

どこか痛いところはありませんか

性急に行なおうとすると、気持ちを追いつめたり責めたりすることになります。身体の訴えに耳を傾けて苦しみを和らげるように接して、脱衣につなげます。多少時間がかかっても、なるべく自力でできるよう工夫しましょう。あらかじめ着る順番に1枚ずつ重ねて置いておきましょう。

拒否④ おむつや下着交換を嫌がる

しがちなNG声かけ

おむつが汚れていませんか

汚いと嫌がられますよ

どうして？

排せつや着替え、清拭などによる身体接触の多いケアに対しては、拒否が見られることがあります。羞恥心はもちろん、やり方がわからない、めんどうくさい、裸になりたくないなどの理由が考えられます。

こうしたらGOOD声かけ

お手伝いしましょう

すっきりしますよ

優しく声かけをしながら手早く済ませるようにします。その人を理解し、気がまぎれるようなちょっとした心づかいが大切です。

拒否⑤

病院に行くのを嫌がる

しがちなNG声かけ

よくなりませんよ

先生にしかられますよ

どうして？

病院に行くという行為は高齢者に限らずだれでも気が重いことです。治療をすればよくなるという理屈ではなく、不安感や心の問題です。本人に病気の自覚がなく、別の日に変更しようというような思いに至らないために拒否をし続けます。

こうしたらGOOD声かけ

いっしょに行きましょうね

元気に長生きしましょうね

病気を強調したり、行き先をごまかしたりするようなことはしないようにします。病院以外のことを話題にして気分をほぐし、健康診断や家族の付き添いだからなどと言うのも効果的です。いずれにせよ信頼関係を築くことが大切です。

拒否⑥

車イスに嫌がって乗らない

しがちな NG 声かけ

危ないから
車イスにしましょう

押してあげますから

どうして？

自分で歩ける、歩きたいという気持ちが強いと、実際は歩行困難でも移動時に車イスには乗りたがりません。軽度な方の場合は、さらに足腰が弱くなってしまうという不安もあります。強制するようなことを言ったり、したりしないように気をつけます。

こうしたら GOOD 声かけ

今日は
いいお天気ですよ

気をつけてね

転ばないように気をつけて少し歩いてもらったうえで、「リハビリになるから」と言って楽しく気分転換できるように誘導します。メカニックなことが好きな方には車イスに興味を抱かせる話をするのもよい方法です。乗降時には足を巻きこまないよう注意を払いましょう。

拒否⑦ バスの送迎で暴れる

しがちな NG 声かけ

行かないと だめですよ

みんなが 困りますから

どうして？

記憶障害で人を忘れてしまっているため、どこに連れて行かれるかという不安でたまらない感情が先立つために、大騒ぎをして逃れようとします。まして、車という逃げられない状況が恐怖感に拍車をかけます。

こうしたら GOOD 声かけ

すぐ 戻ってきて いいですよ

いっしょに 行きますよ

無理に家族と引き離して乗せようとすると、つらい記憶となっていっそうエスカレートしてしまいます。気持ちを落ち着かせて行き先が楽しい所だと伝えて、安心感を抱かせるように努めましょう。

拒否⑧

レクリエーションに参加しない

しがちなNG声かけ

みんなと仲よくしたくないの

何もできないからですか

どうして？

認知症の方は新しい環境の変化についていくのは難しく、孤立してしまいがちです。集団の中に入って、仲よく打ち解けるには時間がかかるため、早く集団になじませようと焦るような行動や声かけは避けるようにします。

こうしたらGOOD声かけ

楽しそうですよ

途中でやめてもいですよ

慣れないことをすることに対する不安が先立ち、楽しいことも苦行になってしまいます。本人の得意分野や楽しい体験、思い出に耳を傾け、レクリエーションへの関心につなげていきます。無理強いはしないようにしましょう。

妄想・幻覚 ①「財布を盗まれた」と言う

しがちなNG声かけ

私じゃないわよ！

しまい忘れじゃないですか

どうして？

大切なものをしまい込んだことを忘れ、探してみてもないため、「だれかが盗ったにちがいない」と疑います。騒ぎ出したときに最初に疑われるのはたいてい身近にいる人です。認知症特有の「もの盗られ妄想」です。思い違いや記憶障害なので説明や説得は役にたちません。

ドクターチェック

「もの盗られ妄想」は、認知症の初期に起こりやすい症状です。大切な物をしまう、しまったことを忘れる、大切な物が目の前にない、ということで「疑う」感情が強く出てしまうからで、周囲はこのことを理解することが大切です。

こうしたらGOOD声かけ

いっしょに探しましょう

困りましたね、どこにあるかしら

解説

身に覚えのないことを疑われても、興奮して言い返すのは禁物です。よく物をしまい込む場所を事前に知っておき、「探してみましょう」と誘導して本人に見つけてもらうようにします。無くしてしまった本人が困っているのだということを理解し、同じ感情を共有して安心してもらいます。

そのほかの声かけ例

「落ち着いてゆっくり探してみましょう」「どこにしまったか、教えてもらえますか」「いっしょに探しますが、どんな色や形をしていましたか」「ほかの方にも聞いてみましょうね」など。じょうずに話題を変えながら気持ちが治まるのを待ち、距離をおいてようすを見て、安心できるきっかけをつくっていくようにします。

妄想・幻覚② 人の物や商品を持ち帰る

しがちな NG 声かけ

そんなことをしてはだめ

○○さんのじゃありません

どうして？

記憶障害で自分の物と人の物の区別がつかなくなっています。本人にはまったく悪気はなく、強引に取り上げたり、しかったりするのは逆効果です。物がないと不安で何でも持ち帰り、あると安心して忘れるという場合があります。

ひと言アドバイス

意味のない動作の連続を「仮性作業」といい、周囲から見ると無目的に思えるような動作を繰り返します。その作業に没頭している間は穏やかに過ごしているようであれば止めずに見守りを続けましょう。

こうしたら GOOD 声かけ

ほかの物も見てみましょう

あとで買いに行きましょう

解　説

買い物に付き添うようにしたり、行きつけの店であれば説明して協力を依頼したりします。見て見ぬふりも時には必要で、一時的に持ってもらうようにするのもよいでしょう。

知っとく情報メモ

アルツハイマー型認知症は、「アミロイドβ」というタンパク質やリン酸化タウタンパク質が脳内に蓄積することで神経細胞が壊れるといわれています。アミロイドβは健康な高齢者でも少量の蓄積例があり、認知症発症の20年も前から蓄積し始めるといわれています。

妄想・幻覚③

ないものが見えたり

しがちなNG声かけ

私には何も見えませんよ

気のせいでしょ

どうして？

何もないところを指して「幽霊がいる」「人がねらっている」と騒ぐことがあります。実際にはいないのに「いる」といって怖がったり気味悪がったりする被害妄想の症状です。症状が強く継続する場合は、膀胱炎などの病気が隠れていることもあるため、医師に相談しましょう。

ドクターチェック

せん妄は急性の脳障害に伴う意識障害で、判断力や理解力などの認知機能が低下し、時には幻覚や妄想が現れます。高齢者に多く見られる急性に現れる精神症状で、脱水や急性心不全、呼吸不全、尿路感染症、精神ストレス、薬品など原因はさまざまですが、疾患治療によって回復が望めます。

聞こえたりする

こうしたら
GOOD
声かけ

解　説

本人は本気で怖がっているため「何もいない」と説得しても納得しません。一方的に否定せず、あえて説得もしないようにします。ないものが見えて不安だという気持ちを受け止めて、手を握るなどして落ち着かせましょう。

知っとく情報メモ

主に脳血管障害の後遺症として見られる失語症は、相手の言葉が理解できなかったり、自分の言いたいことが言えなかったりします。コミュニケーションをとるのが難しくなりますが、認知症のように見えても記憶障害や見当識障害などはありません。

妄想・幻覚④

作り話をする

しがちなNG声かけ

嘘ばっかり言って

そんなこと ないでしょ

どうして？

一般的に、過去の体験を断片的にしか思い出せず、それを補おうとする結果が作り話になるといわれています。過去の体験を混同したり、忘れた部分の穴埋めを自分なりの話に作り変えたり、願望や空想を真実と思い込んだりします。

ひと言アドバイス

作り話（作話）は認知症の症状（周辺症状）のひとつで、当惑作話（欠落した記憶を補うようにつじつまを合わせる）や空想作話（願望を現実化する）などがあります。話の内容で事実とは異なることは容易にわかります。軽度認知症（MCI）段階の取り繕い反応とは異なります。

こうしたらGOOD声かけ

よく覚えていらっしゃいますね

そうなんですか

解　説

アルツハイマー型認知症の初期によく現れる症状です。夢の世界に生きているようなもので、自分の感情や情動にすなおだともいえます。否定しないで話のつじつまを合わせ、よく聞き、受け入れ、安心してもらいます。作り話であっても時には物語をいっしょに作るという対応も必要です。

知っとく情報メモ

認知症の代表的な中核症状に記憶障害があります。記憶障害にも短期記憶障害（記銘力障害）と長期記憶障害の2種類があります。内容で分類すると、言語や数字などの知識としての意味記憶、個人の思い出としてのエピソード記憶、体が覚えている手続き記憶などがあります。

妄想・幻覚⑤

ありえないことを信じ込む

しがちな NG 声かけ

思い違いでしょう

そんなことはありませんよ

どうして？

ありもしない妄想が頻繁に繰り返される被害妄想で、夫婦間では妻（夫）が浮気をしている（嫉妬妄想）という症状がよく見られます。不安や猜疑心が引き金になって、妄想的な思考に発展してしまいます。

こうしたら GOOD 声かけ

気づきませんでしたね

それはお辛いですね

感情的に対応したり、否定したり、相手にしないなどの態度は孤独感をあおることになり、ますますエスカレートさせてしまいます。否定も肯定もしないで、話をよく聴き、情緒を安定させていくことが必要です。

人形や鏡に話しかける

しがちな
NG
声かけ

気持ち悪いから
やめて

だれと話を
しているつもりなの

どうして？

認知能力低下の一症状です。人形を生きた人として扱う（人形現象）、鏡に映った自分と会話する（鏡現象）は、女性に比較的多く見られます。愛着のある物や自分とは認識できなくて見知った顔に安心感を覚えるからです。

こうしたら
GOOD
声かけ

ほかのことを
しましょう

かわいいですね

困った状況に発展はしないため見守りが基本です。語りかけることで孤独や不安を埋めている行為ととらえ、決して人形を取り上げたり、無理に鏡から離れるように指示したりしないようにします。安心できる空間や人間関係を見直してみましょう。

妄想・幻覚 ⑦

「お母さん」と言って抱き付く

しがちな NG 声かけ

何歳だと思っているの

お母さんじゃありません

どうして？

重度の人物誤認で、認知症の方は大切な母親だと本気で信じています。すべてをゆだねないと生きていけない幼児が、母親に全面的に依存するように、基本的な親子関係、母性を求めていると考えられます。

こうしたら GOOD 声かけ

そばにいるので安心してね

どうしたのですか

より母性的なかかわりを求めているので、むしろ頼りにされていると思い、優しく傾聴して安心できるように対応しましょう。

妄想・幻覚⑧ おびえたようすが見られる

しがちなNG声かけ

何が怖いのですか

しっかりしてください

どうして？

加齢とともに自分を守ろうという意識が強くなり、認知症を伴うとさらに防衛的になります。物音や影に敏感に反応し、恐怖の体験を思い出したり、「自分が壊れてしまう」「自分が消えてしまう」というような不安を感じたりしています。

こうしたらGOOD声かけ

だいじょうぶですよ

私に任せてくださいね

特に夜や暗がりは五感が鈍りやすいため、妄想や幻覚を起こしやすくなります。認知症の方が不安やおびえの中にいることをよく理解することで、周りがわかってくれていると思い安心します。

「うるさい！」と暴言を吐く

しがちなNG声かけ

うるさいのは○○さんですよ

静かなのにどうして

どうして？

攻撃的な言葉やあることないことを言うのは認知症の特徴のひとつ（易怒《いど》性《せい》）で、判断力が低下して混乱状態であるためです。レビー小体型認知症の初期の特徴的な症状である幻聴（幻覚）の可能性も考えられます。

ドクターチェック

対処が困難なBPSDでは薬物療法が用いられます。抑うつ、意欲低下などに選択的セロトニン再取り込み阻害薬（SSRI）、セロトニン・ノルアドレナリン再取り込み阻害薬、興奮などでは定型、非定型の抗精神病薬や抗てんかん薬、幻覚、興奮・攻撃性などには、最近漢方薬の効果が注目されています。

こうしたら
GOOD
声かけ

ごめんなさいね

わかりました、静かにしますね

解　説

何がどのように聞こえたのかを本人から話してもらい、「だいじょうぶですよ」と安心してもらいます。言い分を聞いて気持ちを受け止めるようにしましょう。背中をさすったり、いっしょに歌をうたったりすると落ち着く場合があります。

ひと言アドバイス

高齢者は、高い音が聞き取りにくくなり、聞き分ける力も低下します。低い声で、ゆっくり、はっきりと声かけをしたり話しかけたりするようにしましょう。大事な内容は、繰り返し話したり、紙に書いて渡したり、見やすい場所にはったりするなどの工夫をします。

暴言・暴力②　暴力を振るう

しがちなNG声かけ

みんな怖がるでしょう

危ないからやめなさい！

どうして？

感情をコントロールできないで暴力行為に出ることがあります。また、コミュニケーション障害の疑いも考えられます。感情的に非難する、力で抑え込むという対応は、かえって事態を悪化させてしまう場合があります。

ドクターチェック

暴力は危険を感じた場合や自分の誇りや尊厳が傷つけられたときに生じると考えられ、本人にとっては、自己防衛のための正当な行動と考えられます。度を越すと薬物治療が必要になりますが、副作用もあり介護者も薬物の知識や投薬の注意点などは知っておきましょう。

こうしたら
GOOD
声かけ

何か気に障りましたか

気分を害されたのですね

解　説

ふだんから暴力をふるう前後のようすを観察して、興奮させないよう未然に防ぐ方策を取る必要があるでしょう。危険な物（ナイフ・ハサミなど）が周りにないか確認しておきます。

ひと言アドバイス

殴られたり、引っかかれたり、噛み付かれたり…介護は大変ですが、相手の生活歴や家族のこと、趣味などを熟知したうえで、笑顔をくずさず優しく対応するようにしましょう。ゆっくり話を聞き、相づちを打っているうちに落ち着く場合もあります。

大声を出し続ける

しがちな NG 声かけ

みんなびっくりしていますよ

いいかげんにしてください

どうして？

言葉では伝えられない不快感や苦痛を必死の思いで伝えようとしていると考えられます。また、大きな声を発することが威嚇の意味合いを持っている場合もあります。訴えや威嚇を無視しないようにすることが大切です。せん妄の可能性もあります。

こうしたら GOOD 声かけ

お茶を飲みませんか

お話を聞かせてくださいね

何をどうしてほしいかを理解するように努めましょう。寄り添って手を握ったり、話題を変えたりして気をそらせてみる方法もあります。体の不調であることもあり、見極めて医師に相談しましょう。

暴言・暴力④ 突然、怒り出す

しがちなNG声かけ

すぐ、怒るのね

困らせないでください

どうして？

認知症によく見られる症状のひとつ「攻撃的行動」（易《い》怒《ど》性《せい》）です。感情のコントロール能力の低下や、思いを表現することができないもどかしさからきていると考えられます。行動をやめさせようとしたり、興奮させてしまったりすることで“怒る”ことが多いようです。

こうしたらGOOD声かけ

どうして怒ったのですか

何がいやなのですか

優しい言葉と気持ちで声かけをし、深呼吸して落ち着いてもらいましょう。じょうずに話題を変えながら、注意を別の方向に持っていく、その場をいったん離れて間を置いて本人が忘れるのを待つという方法もあります。

徘徊① あてもなく歩き回る

しがちなNG声かけ

じっと
してください

いつまで
歩いているの

どうして？

どこに行きたいかわからない、どうやって行けばよいかわからない、ここがどこかわからない、何をしてよいかわからない…場所と時間の見当識障害です。無目的に歩き回る行動ですが、不安で落ち着かない身体的・精神的状態にあります。

知っとく情報メモ

認知症の中核症状に自分が置かれている状況を正しく認識できない見当識障害があります。まず「時間に関する見当識」(今がいつなのか)が障害され、「場所に関する見当識」(ここはどこなのか)、さらに進行すると「人物に関する見当識」(目の前の人はだれなのか)が障害されます。

こうしたらGOOD声かけ

先にこれをしましょう

どちらまで行かれますか

解　説

まず歩き回るのは必ず理由があることを突き止めます。今いる場所や空間が安全で心地良い、頼りになる人がいるので心配しなくてよいという声かけを意識的に行ない、どうして歩き回るのか傾聴しましょう。

知っとく情報メモ

寝たきりなどによって関節が固まって動きにくくなることを拘縮（こうしゅく）といい、曲がったままの状態になる屈曲拘縮と、伸ばしたままの状態になる伸展拘縮があります。高齢者の場合はひざ関節に拘縮がもっとも出やすく、急速に現れるので関節を動かすリハビリでの早期予防が大切です。

徘徊②　「家に帰る」と言う（帰宅願望）

しがちなNG声かけ

帰る家はありませんよ

今はだめです

どうして？

入所時に多く見られ、原因はいろいろです。この場合の「家」はさまざまな場所で、自分が育った所だったり、安心できる居場所だったりします。若返って親として、社会人としてかつての役割を果たそうとする場合もあります。問い詰めて本人を苦しめないようにします。

知っとく情報メモ

認知症の方が屋外に出ようとしたとき（離所）などにセンサーによって感知して通報する徘徊感知機器があります。小型機器の携帯装置タイプや特定の場所を人が通過することで感知するエリア感知タイプなどがあります。介護保険制度における福祉用具の貸与種目にも指定されています。

こうしたらGOOD声かけ

〇〇さんに会いたいのですね
遅いので明日にしましょう

解説

長く続く症状のひとつで、夕方に起こることが多いので「夕暮れ症候群」「たそがれ症候群」などと呼ばれます。介護者の優しい声かけで納得や安心して諦めることがあります。いっしょにお茶を飲む、何かほかに興味を持つことに誘導するのもよい方法です。

そのほかの声かけ例

「そうですか、気をつけてお帰りください」「帰る前にお菓子でもいかがですか」「迎えに来るまで待ちましょう」などとさりげなく言ってようすを見ます。それでも出て行こうとする場合は、「そうですか、心配なのでそこまで送りますね」などと言っていっしょに出て、気が変わって戻るよう誘導します。

徘徊③

外に出ようとする、出てしまう

しがちなNG声かけ

出ちゃだめですよ

めんどうをかけないでね

どうして？

認知症の重症度で対応が異なり、そのままにしておいても心配のない場合とだれかがついていないと危ない場合があります。外に出て行くのは本人なりの用事があるからです。隙を見て外に出て行方不明になることもあり注意が必要です。

こうしたらGOOD声かけ

お困りじゃないですか

いっしょに行きましょう

外に出ようとする行動だけを制止しても、目的を果たさない限り徘徊は継続されます。いっしょに歩いたり世間話などをしたりしてみましょう。また、名札を付ける、ネットワークに登録する、位置情報システムを活用するなどを事前にするようにします。

徘徊
④

施設から抜け出そうとする（離所）

しがちな
NG
声かけ

困った人ですね

戻らないといけません

どうして？

不安感が増して落ち着くことができなくなり、隙を見て抜け出そうとすることがよくあります。無理に連れ戻すと暴れることにもなりかねません。トイレに行きたいなど生理的な欲求で抜け出そうとする場合もあり、見極めが大切です。

こうしたら
GOOD
声かけ

また今度にしましょう

ちょっと待ってくださいね

施設や人になじめないための行動ともいえるので、決してしからないようにします。抜け出すことを完全に防ぐことは難しく、民生委員や警察などとのネットワークをつくっておきます。

居室に引きこもる（無為）

しがちな NG 声かけ

どうして？

喜怒哀楽などの感情の変化やほかの人の感情に共感することが少なくなることを感情の平板化（平坦化）といいます。平板化の傾向があるかどうかを見極めると同時に、どこか体に変調はないかどうかを探ってみることも大切です。

ひと言アドバイス

認知症には必ず見られる症状とそれに伴って起こる周辺症状に分けられますが、周辺症状は人によって差があり、不安になったり、異常な行動が見られたり、怒りっぽくなったりします。周辺症状は内服とケアのしかたによっては改善の余地があるため、介護の成果が問われます。

こうしたら GOOD 声かけ

調子はいかがですか

○○をしてもらえませんか

解　説

引きこもるようになると、認知機能はますます低下し、心身の機能も低下します。無理に出るようしむけないまでも、レクリエーションなどに興味を抱かせてコミュニケーションを図りましょう。また視覚・聴覚の低下が原因の場合もあるので注意が必要です。

ひと言アドバイス

実際はどこも異常がないのに、「調子が悪い」と体の不調を訴えることがあります（心気状態）。不安感が強い場合に起こりやすいので安心感を与えましょう。いつもと違うときの確認ポイントは、体温、顔色、食欲、排せつ状況、水分補給、服薬状況、既往歴などです。

不穏②

気分のムラが激しい

しがちなNG声かけ

いい加減にしてください

もう知りませんよ

どうして？

周囲との意思の疎通ができないことがもどかしく、それだけに相手の動向や感情に敏感に反応し、気分が目まぐるしく変化します。あってはならないことですが、自分のことで興奮する介護者を見て興奮し、興奮している自分に興奮するという悪循環が繰り返されエスカレートしていきます。興奮させないように話をそらします。

こうしたらGOOD声かけ

今度は○○をしませんか

お気に召しませんか

感情の起伏の激しさは認知症の方にとって珍しい状態ではありません。事態を収拾しようと焦らないで、一時的にその場を離れたり、話題を変えたり、相手を交代させたりします。日ごろから本人の関心事を見極めてそれを活用するとよいでしょう。

不穏③ 無表情で反応がない

しがちな NG 声かけ

しっかりして

笑顔になりましょう

どうして？

感情的な働きを持たないわけではありませんが、認知症になると顔つきが変わります。進むにつれて物事の理解や情緒的なものを受け止めることもできなくなり、表情が乏しくなってしまいます。

こうしたら GOOD 声かけ

手伝ってもらえますか

楽しいことをしませんか

どうせわからないから、ではなく、生活や季節が感じられるような工夫が大切です。静かで安らげる雰囲気づくりと同時に、集団レクや認知機能のリハビリなど（中等度までは効果あり）で生活にめりはりをつけましょう。心に寄り添い、気持ちを尊重するケアを心がけます。

不穏④

話のつじつまが合わない

しがちなNG声かけ

さっきの話と違うわね

嘘じゃないですか

どうして？

認知症の初期には、人に知られたくないためにごまかすような話をするようになります（取り繕い反応）。さらに進行すると作り話（作話）が多く見られます。短時間の会話では認知症だと判断しにくい場合があります。

こうしたらGOOD声かけ

そんなこともあるのですね

それからどうしました

事実と反するといって聞き流さないようにします。論理的に追及すると、ますます混乱をしてしまうので同調してようすを見ましょう。作話には認知症の方の心の世界を知るための鍵が含まれているので見守りが大切です。

不穏⑤ 理由もなく泣き出す

しがちなNG声かけ

そんなに泣かないで

元気を出してください

どうして？

ちょっとしたことで泣いてしまう感情失禁です。悲しいときだけでなくうれしいときにも感涙します。介護者の不安や動揺、嫌悪感を敏感に察知して、泣くという行為で反発しようとする場合もあります。

こうしたらGOOD声かけ

どうされたのですか

悲しいことがあったのですね

加齢にともなってだれでも涙腺がゆるむようになります。辛いことや悲しいことも多く経験し、がまんもしてきたはずです。そうしたストレスを発散しているのかもしれません。積極的に話しかけ、共感しつつ楽しい話題に誘導しましょう。

睡眠①

昼と夜を取り違えて騒ぐ

しがちなNG声かけ

早く寝てください
遅くまで騒がないで!

どうして?

認知症の進行に伴い睡眠覚醒リズムが分断され、居眠りや夜間の覚醒が頻繁に見られ、睡眠・覚醒のリズムが崩れます(昼夜逆転)。歩き回ったり、幻覚でおびえたりしがちです。

知っとく情報メモ

認知症の昼夜逆転は、日時の見当識が崩壊する時期とも重なります。やや重度になると昼夜のリズムに関係なく寝たり起きたりが始まり、朝だと思って夜中に人を起こして歩いたり、夜間に外に出ようしたりする行動障害を伴いがちです。生体時計そのものが働かなくなると事態は深刻になります

こうしたら GOOD 声かけ

解説

こうした状態は長くは続かず、しばらくすると落ち着いてきます。無理やり静かにさせたりしないで、しばらくはようすを見ます。気がまぎれるように廊下を歩いてもらったり、寝る場から少し離れたり、お茶を飲んでもらったりしましょう。

ひと言アドバイス

光を積極的に浴びる（光療法）と生体リズムが活性化され、昼間の覚醒度が上がって夜の睡眠が深くなるという効果が得られ、生体リズムに関連する疾患の発生を抑えることができるといわれます。昼間はなるべく座位を保ち集団レクやリハビリを行ない、他者とのコミュニケーションを取るようにしましょう。

睡眠② 不眠を訴える

しがちなNG声かけ

眠れるはずですよ

横になれば眠くなりますから

どうして？

高齢者には、寝つきが悪い、何度も目が覚める、眠りがない、早朝に目覚めるという特徴があります。昼夜逆転は周辺症状のひとつで、特に日中に刺激が少ない生活をしていると、心身の不調に気持ちが集中し、不眠を招きやすい傾向があります。

ドクターチェック

睡眠導入剤は夜間不穏を防ぐためにはある程度必要なため適切な量を内服するようにします。不眠対策としては、①日中覚醒時に明るい場所で過ごす（明暗リズムの強化）、②規則正しい生活（社会的リズムの強化）、③軽い睡眠薬が考えられます。

こうしたらGOOD声かけ

お茶をお持ちしましょうね
少しお話をしましょう

解説

できるだけ規則的な日課を定め、心身共に軽く疲れる程度の活動を試みます。また、寝室の環境（室温・照明など）を整えるようにします。睡眠時間が十分取れているにもかかわらず、不眠を訴える場合もあります。不眠は認知症でないこともあり、睡眠のパターンを観察することが大切です。

ひと言アドバイス

スタッフ数の減るリスクの高い勤務帯なので対応が難しいのですが、情報の共有に努め、安眠できる条件（明るさや室温 など）を整え、ゆっくり話を聞いたり、共感しながら相づちを打ったり、お茶を勧めたりするなど寄り添う対応を心がけましょう。

睡眠③ ベッドからよく落ちる

しがちな NG 声かけ

また寝ぼけたのですか

自分で動くと危ないですよ

どうして？

転倒防止の手すりが付いているにもかかわらず転倒しやすいのは、ねぼけや尿意、運動機能の低下など必ず原因があるはずです。身体拘束はしないようにし、ベッド下にマットを敷くなど安全に留意します（ベッドの4本柵は拘束になります）。

こうしたら GOOD 声かけ

怖いことがあったのですか

気をつけましょうね

落ちる原因に応じて対策も違ってくるので、まず原因の特定に努めましょう。自分を中心とした距離感がつかめない視空間認知障害の場合も考えられます。そうした障害や妄想の場合は医師の処方で、身体機能的なことであれば訓練で改善します。

コラム

認知症の人のための ケアマネジメントセンター方式（センター方式）

厚生労働省が2000年に設置した全国3か所の「認知症介護研究・研修センター」（東京・大府・仙台）が中心となり、認知症ケアに関する研究者や現場のエキスパートの協働成果として開発された方式です。

ケアマネジャーを要に、本人と家族、ケア関係者が共通シートを使って互いの思いや実情、アイディアを出し合い、本人と家族のよりよい暮らしを目ざして「やれること」をいっしょに探りながらケアサービスを提供していきます。

具体的活用方法

（1）アセスメントとケアプランの展開ツール
（2）日常の情報集約ツール
（3）他事業所への情報配信
（4）事業者と家族との情報交換のためのツール
（5）事業者と本人・家族とのコミュニケーションのためのツール
（6）新しい認知症ケアの視点と具体を学ぶ教育ツール

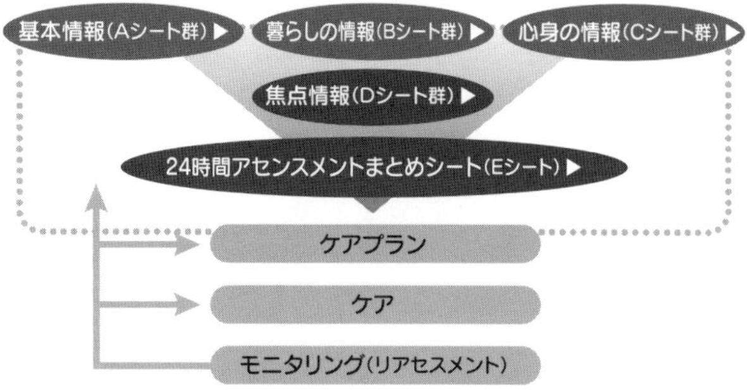

行動① 何でもかまわず集める

しがちなNG声かけ

どうして取っておくの

こんな物は捨てますよ

どうして？

ゴミをゴミと認識していなかったり、物を大切にする気持ちが高じたりする行為（収集癖）で、止めさせることの難しい症状のひとつです。少し前の自分の行為を覚えていないことも多く、何をどのようにしようとまでは思っていません。

知っとく情報メモ

物集めは自分のポケットや部屋の決まった場所に興味のある物をたくさん集める行動をいいます。いわゆるごみ屋敷問題もこの中に含まれます。自分の物も他人の物も区別なく行なうためトラブルになることが多く、適切な対応が求められます。

こうしたらGOOD声かけ

いっしょに整理しましょう

かたづけるときは言ってくださいね

解 説

どんな物であろうと本人にとっては大切な物です。本人が不在のときに処分する方法もありますが、介護者の感覚と判断を優先しないようにします。保管場所を決め、ようすを見て順次捨てていく方法がよいでしょう。

知っとく情報メモ

1980年に京都で発足した全国的な民間団体「(公益社団法人)認知症の人と家族の会」は、国際アルツハイマー病協会に加盟しています。認知症の方を介護している家族や介護に携わっている専門職やボランティアなどが会員で、家族の集いや電話相談、介護セミナーなどを行なっています。

行動 ② 破損行為を繰り返す

しがちな NG 声かけ

困るのでしないで

弁償してもらいますよ

どうして？

記憶障害、行動の制御能力の減退、視覚的・聴覚的手がかりの誤解によるもので、壊すつもりはなくて、元の状態に戻せると思う場合もあり、行為の背景に目を向け、非難はしないようにします。

こうしたら GOOD 声かけ

どうして壊れたのでしょう

気にしなくていいですよ

集団生活にうまく適応できないことも考えられます。何かを訴えたいことがあるのかを尋ね、できるだけ身体活動を勧めるようにしましょう。安全で危険のない環境を整えることも必要です。

行動③

失敗をする、始末を忘れる

しがちな NG 声かけ

「さっき注意したばかりなのに」

「もうやめてね」

どうして？

火を消し忘れる、水道の元栓を締め忘れる、したばかりのことを忘れてしまう…といった行動面の失敗（実行機能障害）が目だつようになります。自信を失い、不安な気持ちになり、加速度的に認知症が進みます。

こうしたら GOOD 声かけ

「気にしないでくださいね」

「お手伝いしますね」

認知症の方は複数のことを同時に理解することが苦手です。例えば“食事をするので、手を洗って、席に着きましょう”と言うと、食事、汚れ、席に着くと3つの話が出てくるため混乱をしてしまいます。「手を洗いましょう」と声をかけるだけにします。

行動④

返事をしても行動が伴わない

しがちな NG 声かけ

「早くしてください」

「もう待てませんよ」

どうして？

記憶障害や相手の言う意味や内容の把握ができなくなっている状態です。また、意欲の減退で、興味のあることには反応して行動が伴いますが、興味のないことには反応しなくなります。

こうしたら GOOD 声かけ

「ごいっしょさせてもらいますね」

「無理をしなくてもいいですよ」

認知症が進むにつれ、日々できていたことができなくなります。以前の状態と比較しないで、変化や衰えを受け止め、必要に応じて介助するように努めます。言葉だけでは伝わらないので、声かけをしながら促すようにします。

行動⑤ 自分を傷付ける（自傷行為）

しがちなNG声かけ

危ないですよ

なぜそんなことをするの

どうして？

自分の身体に傷を付けることを「自傷行為」といいますが、認知症の方の場合はほとんど危険の認識ができていません。人によっては自殺の手段であり、うつ症状との鑑別が必要です。身近な人へのアピールである場合もあります。

こうしたらGOOD声かけ

いっしょにいますからね

お話をしましょう

自傷行為の原因については、その行為の周辺にある本人のさまざまな認知や行動、周りの働きかけや対応などをまず調べる必要があります。先手を打って危険な状況を排除するようにします。危険度が高い場合は、専門医に相談して指導を受けます。

行動⑥

だれかれかまわずしかる

しがちな NG 声かけ

いい加減にしてください

嫌われますよ

どうして？

人に対する見当識障害があり、だれなのかをわからない状態です。名前を呼んでほしい、気づいてほしい、あいさつをしてほしいなど、存在を認めてもらいたいと思っていることもあり、関心を寄せてくれることを求める場合もあります。

こうしたら GOOD 声かけ

教えてくれてありがとうございます

これから気をつけますね

しかる相手が違う、どうしてしかられないといけないなどと思っても、本人が思い込んでいるため否定すればますます興奮してしまいます。何が気に障ったのか傾聴して、怒りを鎮めるようにしましょう。

行動⑦ だれとも口をきかない

しがちなNG声かけ

何が気に入らないの

さあ、お話をしましょう

どうして？

話すのがおっくう、思考が衰えて理解ができない、聞き取れない、わかってくれない…などでかかわりを持つ気力がなくなってしまい、会話をしなくなりがちです。失語からくる寡黙もあります。

こうしたらGOOD声かけ

話したくなったら呼んでください

あとで聞かせてくださいね

話をすることで脳が活性化され、会話量が増えることで気持ちも変わってきます。積極的に声かけをし、話を引き出すようにしましょう。その際にはゆっくり、わかりやすい言葉で、単純に答えられる話かけを心がけます。

性衝動①

異性を追いかける

しがちなNG声かけ

仲よくして
くれませんよ

いい年をして
恥ずかしいわ

どうして？

食欲と同じで性的欲求も正常な生理的な欲求のひとつです。集団生活の場では性的行為はできればかかわりたくないシーンのひとつですが、的確な対応が求められます。

知っとく情報メモ

「バリデーション療法」とは、認知症の方に尊敬と共感を持ってかかわるコミュニケーション方法のひとつです。その方法には、タッチング（触れる）、アイコンタクト（目で伝える）、レミニシング（思い出話をする）、リフレージング（繰り返す）などがあります。

こうしたら
GOOD
声かけ

お寂しいのですね

あとで会えますから

解　説

性的欲求を満たそうとする行動を否定することはできません。社会的規範に基づいた立場を取るとともに、どのようなきっかけや状態でそうした行動に出るのかを調べ、主治医と連携して対応しましょう。

知っとく情報メモ

在宅介護の一面を表現した「老老介護」「病病介護」と同類の用語に「認認介護」があります。認知症の家族を介護する方も認知症であるケースをいい、認知症の状態をさらに悪化させないために早期に把握して対応を取らないといけない社会問題です。

性衝動②

性的発言が多い

しがちなNG声かけ

「そんなこと言ってはいけません」

「いやらしい」

どうして？

異性に対する関心が高くても性的欲求が異常なわけではありません。状況に応じて抑える自己制御力が障害されているためと考えられます。性衝動を口に出すことによって発散しようとします。異性との会話などの交流で発言がなくなることがあります。

こうしたらGOOD声かけ

「お話をしたいのですか」

「お散歩をしましょう」

認知症という認識をきちんと持ち、ひわいな言葉を口にしているときはそれとなくかわし、話題を変えるように工夫します。

性衝動③ 裸になりたがる

しがちなNG声かけ

やめなさい

嫌われますよ

どうして？

性的欲求が亢進しているわけではありません。不意にズボンを下げて下半身を露出させ、裸を見せたがることがありますが、性的抑制がうまくコントロールできず、寂しさや不安が関係していると考えられます。また、単なる脱衣行為の場合もあります。

こうしたらGOOD声かけ

早く着ましょうね

寒いでしょ

認知症の方は孤独感を持っていることが多く、その解消のために気をひこうとしたり、スキンシップを求めたりする場合があります。人恋しい気持ちやほかの原因を探るかかわりが必要です。日ごろのふれあいを増やすことで抑制につなげましょう。

意欲①

お金の計算ができない

しがちな NG 声かけ

お釣りがわからないのですか

簡単な計算なのに

どうして？

比較的初期の段階から起こる認知症による計算力障害です。簡単な足し算や引き算などの計算や支払うお金の勘定ができなくなります。記憶したり計算したりする左大脳が、認知症により萎縮して計算力が落ちてしまいます。

知っとく情報メモ

18歳以上65歳未満で認知症の症状がある場合を総称して「若年性認知症」(遺伝的な要因があると考えている)と呼びます。物忘れが激しいという初期に見られ、数万人の人たちが発症しているといわれています。進行を遅らせるためには早期発見と適切な治療が大切です。

こうしたら**GOOD**声かけ

お手伝いしましょう

代わりに計算しましょうね

解　説

足し算や引き算を繰り返すことで脳を活性化し、初期の認知症の進行を遅らせることができると期待されています。無理強いしない程度にリハビリテーションとして取り入れるとよいでしょう。

知っとく情報メモ

2004年12月より「痴呆」の言葉に代えて「認知症」という言葉が使われるようになりました（厚生労働省の用語検討会による）。狭義には「知能が後天的に低下した状態」のことを指し、医学的にはこのほか「記憶」「見当識」の障害や人格障害を伴った症候群と定義されています。

意欲② 身なりにかまわない

しがちなNG声かけ

また今日も
同じ服ですね

清潔にしないと
いけないですよ

どうして？

認知症の方はいつも同じ服ばかり着て、着替えさせようとしても他の服を着ない傾向があります。意欲喪失（無為）のためで、進行するにつれて何もしなくなります。周囲が身なりや整容に配慮する必要があります。

ドクターチェック

うつ病には、抑うつがあまり目だたず知的作業の効率が落ちていたり、記憶障害が目だったりして認知症に似た症状を示すことがあります。この状態を仮性認知症と呼び、疑われる場合には精神科医に相談しましょう。逆に認知症でもうつの状態を示す場合があります。

こうしたら GOOD 声かけ

すてきに
なりましたよ
おしゃれを
しましょうね

解説

おしゃれや整容は精神的な張りを与えてくれます。頭髪やひげは毎日整え、爪切りや耳掃除は定期的に行ないます。洗顔や歯磨きに関しては、多少時間がかかってもできるだけ自分でできるようにゼスチャーや身ぶりと言葉で伝えましょう。

ひと言アドバイス

流動性機能とは、時間の流れで状況を臨機応変に把握して対応する知的機能のことです。認知症の方ではその機能が低下し、それは、新しく老人ホームへ入所したときなどに顕著に見られます。その機能を補うような対応が求められます。

意欲③

何もしようとしない

しがちな NG 声かけ

ボケてしまいますよ

体が動かなくなりますよ

どうして？

何事につけてもおっくうがり、誘っても気が乗らないのは、活動したり、コミュニケーションを取ったりする意欲が低下しているからです。無理強いすると混乱したり拒否したりします。また、病気が隠れていることもあるため、体調チェックをしておきましょう。

こうしたら GOOD 声かけ

今日はお天気なので出かけましょう

花がきれいですよ、見てみませんか

意欲が低下して無気力な状態をそのまま放置しておくと、介護度が高くなったり寝たきりになったりしてしまいます。介護の際には、意欲が出てくるように、視覚、聴覚、味覚、嗅覚、触覚などの感覚を刺激するような声かけや環境づくりを心がけましょう。

意欲④ 歯を磨かない

しがちなNG声かけ

「今までできていたのに」

「磨かないと汚いですよ」

どうして？

記憶障害があり、朝の歯磨きの習慣を忘れてしまっているからです。だれでも口の中をいじられるのは嫌なものです。口腔ケアをしようとしてもなかなか口を開いてくれません。歯磨きで認知症の進行を遅らせるという試みが介護施設で行なわれています。

こうしたらGOOD声かけ

「お口がきれいになりますよ」

「いっしょに磨きましょう」

歯磨きは歯周病や虫歯を予防し、脳への刺激にもなります。起床時に歯ブラシを渡して、自分で磨いてもらうか、真似をしながらいっしょに磨いてもらいます。無理強いするほど抵抗感を強めてしまうため、うがいだけは欠かさないようにしましょう。

意欲⑤ 着替えがひとりでできない

しがちなNG声かけ

急いでください

まだ
できないのですか

どうして？

手順ややり方がわからなくなり（失行）、ズボンを腕に通そうとしたり、チグハグな着方や奇妙な重ね着をしたりし始めます。位置関係の識別ができなくなり、自分の身体の部位と衣服の部位との関連づけができない着衣失行（着脱障害）です。

こうしたらGOOD声かけ

ゆっくりで
いいですよ

お手伝い
しましょう

衣服の着脱をせかさないようにします。着る順番に服を並べたり、順番に衣服を手渡したりして、残存能力を見極めてできるだけ優しい言葉でゆっくり声かけをしながら介助しましょう。毎日の習慣にすると思い出すことがあります。

コラム

認知症短期集中リハビリテーション

～中核症状・BPSD（認知症の行動・心理症状）の改善に有効～

認知症の方に対して「回想法」「作業療法」「運動療法」などのリハビリテーションが現場では行なわれていますが、これらによって周辺症状が軽減されるということは知られていました。しかし、具体的にその頻度や内容については現場任せで、全国的に標準化されたものは確立していませんでした。

新たなリハビリテーションとして、2006年4月から軽度の認知症の方、2009年4月からは中等度・重度の認知症の方対象に介護老人保健施設、介護療養型医療施設、通所リハビリテーション事業所において認知症短期集中リハビリテーションが行なわれています。

対象となる方

- 要介護認定で要介護1～5と判定された方で、介護老人保健施設の入所・通所サービスを利用されていること。
- 過去3か月の間に当該リハビリを実施していない利用者であること。
- 認知症〔MMSE（Mini-mental state examination）または改訂長谷川式簡易知能評価スケールで概ね5～25点〕であること。

目的

- 生活活動の改善が見込まれると判断された方に対して、在宅復帰を目的として、リハビリテーション実施計画に基づいて、記憶の訓練、日常生活活動の訓練を組み合わせたプログラムを週3日実施する。
- 通所者については、生活活動の改善が見込まれると判断されたものに対して、生活機能の改善を目的として、リハビリテーション実施計画に基づいて、記憶の訓練、日常生活活動の訓練を組み合わせたプログラムを週2日実施する。

いつもとようすが違う

しがちなNG声かけ

気分が悪いのなら言ってほしかったわ

しっかりしてくださいね

どうして？

認知症の方は身体の変調や不具合を言葉で十分に表現できません。健康管理についての認識も低下しているため、介護者がよく観察して見極める必要があります。異変があればすぐに医師に連絡します。

ひと言アドバイス

高齢になるにつれ皮膚の発汗や皮脂の分泌機能が衰え角質細胞間脂質も減少していきます（老人性乾燥肌）。肌質は人によって違いますが、基本的には体質と生活環境の改善を心がけることです。認知症の方はみずから訴えることができないので、よく観察をして対応しましょう。

こうしたら**GOOD**声かけ

お医者様に診てもらいましょう

お水を飲んでみませんか

解　説

いつもとようすが違うのは何か原因があるはずです。バイタルチェックなどで体調の変化を確認します。皮膚の乾燥、頻脈や脱力などの症状がある場合は脱水の可能性があります。食欲はなくても水分補給をしましょう。

知っとく情報メモ

認知症ケアマッピング（Dementia Care Mapping /略称：DCM）は、認知症の方の行動を観察し記録することによって介護者側の介護の質を評価する方法です。パーソン・センタード・ケア（その人を中心としたケア）の考え方を現場で具体的に展開する方法です（P.123参照）。

機能② けがに気づかない

しがちなNG声かけ

まあ、
どうしたのですか

危ないから
動き回らないで

どうして？

認知症の方は、加齢による皮膚の衰え、感覚が鈍くなって痛みを感じにくい、転倒しやすいなどの傾向があり、「痛い、辛い」ときちんと伝えられないために見逃しやすく、発見が遅れがちです。観察、見守りが大切です。

ひと言アドバイス

転倒がきっかけで寝込んだりすると、認知症が進行するおそれがあります。生活の場は定期的に点検してけがや事故防止対策をたてるようにします。外出先でもよく通る散歩道などに危険な箇所がないかどうか、付き添う人は事前にチェックしておきましょう。

こうしたらGOOD声かけ

気がつかなくてごめんなさい
痛かったでしょう

解　説

早く異常に気づくためにも、日ごろからよく観察して異常を察知するよう心がけましょう。けがは放置しておくと感染の原因になってしまうこともあるので、早めに処置を行ないましょう。

ドクターチェック

薬物による認知症状としては、多量の精神安定剤や、抗てんかん薬、抗パーキンソン病薬、降圧剤、糖尿病の治療薬で低血糖になっている場合なども認知症状を招くことがあります。また、ビタミンB1、ビタミンB12、葉酸などのビタミン欠乏により認知症状が発症する場合もあります。

機能③ よく転倒を繰り返す

しがちな NG 声かけ

また、転んだのですか

何度も注意をしたのに

どうして？

認知機能の低下は、転倒・転落事故のリスクのひとつです。以前に転倒した状況や環境を忘れてしまい転倒を繰り返したり、障害物に気づかず転倒したりします。また、運動機能の低下などで転倒のリスクは高くなります。

こうしたら GOOD 声かけ

気をつけてくださいね

手をお貸ししましょう

転倒は大事に至る場合があります。室内体操や足上げ運動などで筋力を保ち転倒予防を心がけます。また、散歩をしたりいっしょに買い物に行ったりするのはよい歩行訓練になります。びっくりして転倒することもあり、急に後ろから声をかけるのは避けましょう。

機能④ 座っていても体が傾く

しがちなNG声かけ

体が傾いていますよ

どこかおかしいですね

どうして？

認知症が進むと座位で体が左右どちらかに傾くなどの症状が現れます。筋肉の衰えやパーキンソン症候群などに見られる姿勢異常が考えられます。また、上体の姿勢の傾きは腰痛の原因にもなります。

こうしたらGOOD声かけ

最近、疲れませんか

気になりますね、お医者様に聞いてみましょう

痛がったり拒否をしたりしないように、優しい声かけをしながら、体がイスに当たる部分や傾く側に補助クッションを入れ、楽にしてもらいます。傾いている原因を探り、痛みや苦痛を和らげるかかわりをしましょう。

機能 ⑤

疾患や外傷がないのに痛がる

しがちなNG声かけ

どこも悪くないですよ

本当に痛いのですか

どうして？

病気もけがもしていないのにしきりに痛がったり、不調を訴えたりするのは、不安で安心感を得たい場合や寂しくてかまってもらいたい場合であると考えられます。無視をしないで状態を確認するのが基本です。

こうしたらGOOD声かけ

だいじょうぶですか

おつらいですね
痛いですか

わかってほしいという思いがこうした訴えとなるため、相手にされないとますますエスカレートしてきます。付き添って痛みを訴えるところをさすったり、温めたりするなどして手当てを施すことで落ち着かせます。

Ⅲ. 付録
よりよい介護をするために

認知症介護者の心得10か条

1）自尊心を大切にして、ありのままを受け入れる。

2）人生の先輩として、尊重する態度や言葉を心がける。

3）はっきりと端的に、優しく、わかりやすく話しかける。

4）ペースに合わせて、せかしたりしない。

5）言動を受け入れて、否定したり訂正したりしかったりしない。

6）残存能力を生かし、むやみに手を貸さない。

7）柔軟性のある態度とスキンシップで接する。

8）安心させて信頼されるように心がける。

9）生活習慣を尊重して大きく環境を変えない。

10）心身の健康管理に気を配る。

認知症ケアのポイント

認知症の方の行動の特徴としては、事実誤認と失敗行為に大きく分けることができます。
接し方や介護の方法には「これが正解」というものがあるわけではなく、大切なのは「認知症扱いしないこと」で、介護される方の性格や特徴と介護者の経験で徐々に対応が見えてくるものといえるでしょう。

●自尊心を傷つけないようにして「人としての尊厳」を守る

人生の経験者としてその方だけの歩んできた人生があります。いつも尊敬の念を持って接し、安心して過ごすことができるようサポートしましょう。筋力や知能の低下による失敗に対して、「だめ」「汚い」といった言葉などは使わないことにします。

●理解し思いやりを持って言葉や態度にその気持ちを表す

せっかく気持ちがあっても、介護するときに言葉や態度で表現しないと相手には通じません。日ごろのコミュニケーションを大切にして信頼関係を築いておきましょう。不測の事態でも大事には至らないですむことがあります。

●バランスの取れた見守りと手助けをする

着替えや食事時などに、「見ていられない」「イライラする」などとすぐに手を貸してしまわないで、できるだけ本人のできることはしてもらうようにします。時にはスキンシップで心のぬくもりを伝えましょう。

●ゆったりとした気持ちで傾聴して安心感を与える

優しく声かけをし、しっかり聞き取り、じょうずに相づちを打つということが介護者の基本的な姿勢です。煩雑な仕事に追われて大変ですが、同じ話の繰り返しにも優しく応対するなど、つとめて明るく接しましょう。

◆支援者本位から本人本位のケアを心がけましょう。

- 考　え　方…本人なりの思いや力、その人らしさが最期まである。
- かかわり方…向き合う、ありのまま聴く。
- 支　え　方…思いに添って支え、地域の中での生活支援と生きる希望を見出す。

◆見方を変えると方法も変わります

自分ならこうした介護を受けたいだろうか、本人からどこまで話が聞けるか、気持ちをどう引き出せるかが鍵となります。

- 認知症の人たちは本当に何もわからないのか?を問う。
- BPSDが起こっている理由を読み解く努力をする。
- 認知症を見ながら人というものを考えてみる。

《認知症の方へのかかわり方》

よいかかわり方	悪いかかわり方
声かけと傾聴	拒否と否定
見守る	口を出す
納得	説得
ゆったり	急がせる
失敗は見て見ぬふり	自尊心を傷つける
にっこり笑顔	怖い怒り顔
そばにいる	ひとりきりにする
いっしょにする	ほうっておく
ちょっと待つ	すぐに手伝う
五感や感情に働きかける	刺激を与えない
ひとつのことをしてもらう	一度に多くのことを求める
楽しく明るく	嫌がらせる困らせる
リラックスする	イライラする

パーソン・センタード・ケア

パーソン・センタード・ケア(Person- Centered Care)は、認知症の方に対して“人”として尊重し、その人の視点や立場に立って理解し、ケアを行なおうとする「その人を中心としたケア」という考え方です。業務中心のかつてのケアに対してイギリスのトム・キットウッドが提唱したもので世界に広く影響を与えています。人として無条件に尊重されることを中心に、自分らしさ、共にあること、なぐさめ、絆などを大切にするケアを目ざします。

医療福祉現場などで使用されている「改訂長谷川式簡易知能評価スケール」

改訂長谷川式簡易知能評価スケール（HDS−R）は、認知症の評価スケールとして幅広く使用されています。被験者への口頭による質問で短期記憶や見当識（時・場所・時間の感覚など）、記名力などを比較的容易に点数化し評価できます。評価に要する時間が20分前後と一般の心理検査に比べ短く、質問者の熟練度にあまり左右されず一定の結果が得られるという特徴があります。評価結果については、合計点数30点満点中20点以下が「認知症の疑い」と判定されます。

●評価の質問内容

① お歳はいくつですか?
2年までの誤差は正解。

② 今日は何年の何月何日ですか?　何曜日ですか?
年、月、日、曜日が正解でそれぞれ1点ずつ。

③ 私たちが今いるところはどこですか?
自発的にできれば2点　5秒おいて、家ですか?　病院ですか?　施設ですか?の中から正しい選択をすれば1点。

④ これから言う3つの言葉を言ってみてください。あとでまた聞きますのでよく覚えておいてください。
以下の系列のいずれか1つで、採用した系列に○印をつけておく。
1:a) 桜　b) 猫　c) 電車　2:a) 梅　b) 犬　c) 自転車

⑤ 100から7を順番に引いてください。
「100引く7は?　それからまた7を引くと?」と質問する。最初の答えが不正解の場合は打ち切る。

⑥ 私がこれから言う数字を逆から言ってください。
6−8−2、3−5−2−9を逆に言ってもらう。3桁逆唱に失敗したら打ち切る。

⑦ 先ほど覚えてもらった言葉をもう一度言ってみてください。
自発的に回答があれば各2点。もし回答がない場合以下のヒントを与え、正解であれば1点。　a) 植物　b) 動物　c) 乗り物

⑧ これから5つの品物を見せます。それを隠しますので何があったか言ってください。
時計、鍵、タバコ、ペン、硬貨など必ず相互に無関係なもの。

⑨ 知っている野菜の名前をできるだけ多く言ってください。
答えた野菜の名前を右欄に記入する。途中で詰まり、約10秒間待っても出ない場合にはそこで打ち切る。
0〜5=0点、6=1点、7=2点、8=3点、9=4点、10=5点

※質問に対する答えを評価の基本としているため、意思疎通が困難な方には不向きで、その場合はNMスケールが比較的有効とされています。

高齢者虐待の現状とケア支援

介護者が長年の介護に疲れ果てたり、一生懸命になるあまり追い詰められたりして虐待するケースや経済問題、家族関係など多様な要因が考えられます。また、虐待された方の8割に何らかの認知症状が見られたという調査もあり、介護負担の軽減には認知症の正しい知識や介護のポイントの理解が大切です。

高齢者虐待の現状を踏まえて家族ケアを支えましょう

- 虐待を受ける人は男性よりも女性が多い。
- 年齢が高いほど被害を受ける比率が上昇している。
- 要介護・認知症高齢者が被害を受けやすい。
- 三世代世帯の高齢者が被害を受ける場合が多い。
- 介護を受けている期間が長いほど、被害を受ける傾向にある。
- 心理的虐待が多く、次いでネグレクト、身体的・経済的虐待も行なわれている。

身体拘束

認知症の人権侵害で、1998年に「抑制廃止福岡宣言」が採択され、翌年厚生省（現・厚生労働省）は、介護保険施設運営基準の中に「身体拘束における禁止規定」を告示し、規定条約をつくりました。また、「虐待」については、2006年の高齢者虐待防止法が施行され、初の全国調査結果が厚生労働省から2007年8月に発表されています。

家族へのケア

認知症の方を介護する場合は、家族を支えることが認知症の方を支えることにつながっていきます。大切な身内が認知症であることを、家族が受け入れるのは難しいでしょう。また、認知症の介護は家族だけで解決できる問題でもありません。家族が葛藤の中で認知症の方を支えていくためには家族に対する周りの理解と支援が必要です。

介護に悩む家族の気持ちを理解してアドバイス

❖認知症の方に対しては

- 時間がかかってもしたいことをさせて、根気よく見守ってから手を貸す。
- 危険だと判断した場合以外には、見て見ないふりをして叱責などしないようにする。
- 生活パターンはできるだけ変えないようにする。
- ほかの身内も介護に巻き込むようにし、協力を得る。
- 「遠くの親戚より隣の他人」。必要ならば知人や近隣の手を借りる。

❖自分自身に対しては

- 介護を忘れて自由な時間を多く持つように心がける。
- 生活の中心を介護にしないでその一部と考えて生活を楽しむ。
- 公的な介護サービスや制度をできるだけ活用する。

「認知症になっても安心して暮らせる町づくり100人会議」

各界の有識者や地域の暮らしを支える生活圏にある企業・団体、保健・医療・福祉団体などの会員から成り立っており、認知症の人とその家族を支え、見守り、ともに生きる地域を築いていく運動を推進しています。主な取り組みに、「認知症サポーター100万人キャラバン」や「認知症でもだいじょうぶ町づくり」などがあります。

介護者の自己管理

認知症の方の介護は、こうありたいと思っていても現実には難しいことが多く、がんばりすぎると燃え尽きてしまうというようなことが起こりがちです。また、介護者の心身の状態は相手にも伝わります。よりよい介護をするために、自己管理と健康管理が大切です。

- その日の疲れはその日のうちにとること。やらなければならない仕事が多いときほど、計画的にじょうずに時間をやりくりし、1日のうち数分でも、1週間のうち数時間でも自分だけのための時間をつくって息抜きしましょう。
- 忙しいときやイライラしたときには、深呼吸をして「フゥーッ」と力を抜く習慣を身につけ、イライラや怒りを爆発させる場や気分転換ができる環境をつくっておきましょう。
- 栄養はなんといっても健康の基本です。食事の時間こそゆとりの時間と考え、ゆったりとした気分で彩り豊かな献立を楽しみましょう。
- 体力や気力を維持するうえでも欠かせないのが運動です。10分でもストレッチなどで体を動かすよう努めましょう。
- 体力の自己過信は禁物です。かぜなどでも早めに休んで治しましょう。あとで寝込んだり、感染させたりしてしまうなどの影響が出ることもあります。
- 「今日はうまくいったね」「よくがんばったね」などと介護者同士お互いに慰労と励ましの声かけをするようにしましょう。

認知症ケア専門士

認知症ケアに対するすぐれた知識と高度な技術、倫理観を備えた専門技術士。認知症ケア技術の向上や保健・福祉に貢献することを目的として設けられたもので、日本認知症ケア学会が認定する更新制の資格です（国家資格ではない）。認知症看護認定看護師（国家資格）、認知症介護指導者などもあります。

協力：医療法人健和会　看護・介護チーム

監修：堀　清記
兵庫医科大学名誉教授・元姫路獨協大学教授。京都大学医学部卒・医学博士

監修：堀　和子
社会医療法人医真会 介護老人保健施設「あおぞら」施設長・元兵庫医科大学教授。
京都大学医学部卒・医学博士

編著：前田　万亀子
高齢者サポートネットワーク「CSねっと企画」所属。ライター・コーディネーター

スタッフ
表紙・本文イラスト／藤本 知佳子
編集協力　本文デザイン・レイアウト／森高 はるよ（アド・コック）
企画編集／安藤憲志　校正／堀田浩之

安心介護ハンドブック⑦

認知症ケア　こんなときどうする？

その声かけ大丈夫？

2011年6月　初版発行　　2023年7月第15版発行

監修　堀　清記・堀　和子
編著　前田　万亀子

発行人 岡本　功
発行所 ひかりのくに株式会社

〒543-0001　大阪市天王寺区上本町3-2-14
郵便振替00920-2-118855　TEL06-6768-1155
〒175-0082　東京都板橋区高島平6-1-1
郵便振替00150-0-30666 TEL03-3979-3112
URL https://www.hikarinokuni.co.jp
印刷所　図書印刷株式会社

ISBN 978-4-564-43117-3
C3036　NDC369.17　128P 15×11cm
Printed in Japan